苏大为　管文军 ／ 著

情法一生

QING FA YI SHENG

解析家庭情感与财产纠纷20例

JIE XI JIA TING QING GAN
YU CAI CHAN JIU FEN 20 LI

中国出版集团
中国民主法制出版社

全国百佳图书
出版单位

图书在版编目（CIP）数据

情法一生:解析家庭情感与财产纠纷 20 例 / 苏大为，
管文军著. —北京：中国民主法制出版社，2023.1
ISBN 978-7-5162-2974-3

Ⅰ．①情… Ⅱ．①苏… ②管… Ⅲ．①婚姻家庭纠纷—
案例—中国②家庭财产—财产权益纠纷—案例—中国
Ⅳ．①D923.905

中国国家版本馆 CIP 数据核字（2023）第 010266 号

图书出品人：刘海涛
出 版 统 筹：石　松
责 任 编 辑：姜　华

书　　　名／情法一生——解析家庭情感与财产纠纷 20 例
作　　　者／苏大为　管文军　著

出版·发行／中国民主法制出版社
地址／北京市丰台区右安门外玉林里 7 号（100069）
电话／（010）63055259（总编室）　　63058068　63057714（营销中心）
传真／（010）63055259
http：//www.npcpub.com
E-mail：mzfz@npcpub.com
经销／新华书店
开本／16 开　710 毫米×1000 毫米
印张／13　　字数／181 千字
版本／2023 年 1 月第 1 版　2023 年 1 月第 1 次印刷
印刷／三河市宏图印务有限公司

书号／ISBN 978-7-5162-2974-3
定价／48.00 元

序

作为一名教师，最愿意听到的莫过于来自学生的好消息。从我来到河北旅游职业学院工作的第一天，就听说学校有一位名叫管文军的优秀校友，被选拔为中央广播电视总台《法律讲堂》主讲人，当选为全国青联委员，还获得了"河北省五一劳动奖章"等。每当老师们提及管文军时，言语神情中颇有几分得意。我深知管文军这一切来之不易，自然产生了与其相识的念想。遗憾的是两年来，虽然我们一直未能谋面，但他的故事还是给我留下了深刻的印象。有人说，别人眼里的自己，才是真实的自己。在他人眼里，文军阳光帅气、好学有为、热心热情……如今，能为他的新书作序，我深感荣幸。尽管我知道要写出一篇好的序并非易事，但为自己欣赏的学子助一"序"之力的心是真诚的。

苏大为可谓是传媒界的佼佼者，现任中央广播电视总台社教节目中心社会节目部副主任，原任《法律讲堂》栏目总制片人。说起来我与苏大为也算是有缘人，早在4年前，苏大为就与河北旅游职业学院结下了不解之缘。2018年6月14日，中央广播电视总台《法律讲堂》栏目策划的管文军新书《情有毒终——管文军律师解析问题婚姻20例》新书首发式在我校举行。当时虽然我还未到校任职，但也算是与中央广播电视总台深化交流合作奠定了坚实的基础。以苏大为为主导创办的中央广播电视总台重点项目《法治中国说》（第二季）荣获2019年中广联全国法制节目特别节目一等奖；他所负责的由最高人民检察院与中央广播电视总台联合制作的大型未成年人法治系列节目《守护明天》第二季，荣获中央广播电视总台特别节目一等奖；他主导的与多个国家部委合作的大型电视节目受到相关部委和业界的广泛好评。

与优秀者同行，才会成就更好的自己。了解了苏大为的从业经历和取得的非凡业绩后，也就不难理解管文军为何在这10年里如此优秀了。

时代的发展一日千里，交通网、互联网等促使人与人之间的交流频度变得更加密集、交往跨度变得更加宽泛，交流中的问题也更加凸显。如果不提高公众的法律情结，交流越甚则问题越多，问题越多则矛盾越多；如果不提高公民的法律意识，则法律效能难以提高，现代社会的有效治理也就大打折扣；因此以案说法、以案普法显得尤为必要。苏大为和管文军在这方面，显然是知行合一的。自2012年开始，管文军就被苏大为选拔为中央广播电视总台《法律讲堂》主讲人，至今已有10年之久。这10年，在苏大为的指导下，管文军录播普法、讲法节目200多期，得到广大观众的喜爱和认可，并在2017年荣获了《法律讲堂》"年度最高收视率提升奖"；这10年，他从青涩走向成熟、走向收获，先后获得"河北省五一劳动奖章""河北省优秀律师""河北省十大法治人物（提名奖）""承德青年五四奖章（标兵）""承德市第五届道德模范""全国律师行业优秀党员"等多项国家级、省市级荣誉。"十年磨一剑"，足见管文军在这10年里，为"磨剑"付出的辛苦。而当我们把镜头推到2002年时，谁能想到他的法律职业资格证是边干保安边考出来的！

有相同经历的人，往往是惺惺相惜的；管文军出身平凡，注定他更关注平凡、做平凡之事。他深知有不少群众不懂法、亦有不少群众渴望法。于是，他在12个社区成立了社区法律服务站，为近10万名社区居民提供义务法律咨询；他在家乡电视台面向300多万居民录制播出了500多期普法节目；继《情有毒终——管文军律师解析问题婚姻20例》一书后，又与苏大为主任共同出版了这本《情法一生——解析家庭情感与财产纠纷20例》，面向广大读者普法说法。这样平凡的情怀和经历是值得尊重的，正因为此，我愿意为他们代言作序，宣传他们和他们的书。

如果说现代法治为国家治理注入良法的基本价值，那么法律工作者应该是价值的守护者和传播者。苏大为和管文军以书代言传播法治精神，本身就是在践行新闻工作者和律师的使命。本书选取了 20 篇涉及老年人权益的案件，以故事的形式、以简洁的语言阐述与老年人生活息息相关的法律知识。以一名法律外行人士和兼为读者的我来看，此书的价值主要在于：一是读者受众面广；二是不少老年人法律意识淡泊；三是真实案例的"现身"说法意义大；四是案例均为中央广播电视总台社会与法频道《法律讲堂》品牌栏目中的经典案例，具有代表性；五是涉及面广，如老年人再婚、老年人赡养、遗产分配等诸多问题。

　　言有尽而意无穷。短短的一篇序，显然无法全面揭示苏大为和管文军的才华，更无法全面介绍此书丰富的内容和内在的价值。所以，闻之不如读之。在书中，体会作者、提升意识。

李文斌于河北旅游职业学院

2022 年 9 月

目　录
CONTENTS

目
录

"帮 忙" 的 邻 居

◈ 摘　要：瘫痪多年的朱奶奶突然喝农药自杀，经调查，为其提供农药的是邻居赵大刚，而赵大刚却说自己只是帮忙……

楼下女邻居正遭受一男子侵犯，林鹏出手阻止，将男子打成重伤。林鹏自认为是见义勇为，却面临被起诉判刑的窘境……

◈ 关键词：帮人自杀是否涉嫌故意杀人　见义勇为致人重伤还算不算正当防卫

邻里之间，搭把手帮个忙在所难免，但也得看帮什么忙，有些忙绝对不能帮，有些忙还需要有限度的帮，不然就有可能给自己招惹不必要的麻烦。

2018年10月的一天早上，家住北方某农村的李梅像往常一样，去给常年瘫痪在床的婆婆朱奶奶送饭。刚进屋，她就闻到了一股浓烈的农药味，心想，真奇怪，婆婆屋里没有放农药啊，这味道哪来的？随后李梅走近婆婆的床边一看，顿时被吓得魂飞魄散，手里的饭碗一下子掉到了地上，只见婆婆嘴角全是白沫，旁边还有一个空农药瓶子。李梅赶忙摸了一下婆婆的手，手已经冰凉，可她并不确定婆婆是否已经死亡，赶紧掏出手机拨打了120急救电话，接着又报了警。很快救护车赶到，经医生判定，婆婆已死亡多时。随后赶到现场的民警着手调查朱奶奶的死因，经法医鉴定，是死于农药中毒。

朱奶奶因为常年瘫痪在床，只有几根手指能动，基本上吃饭都需要人喂，那么她是怎么拿到农药的呢？李梅说自己从不将农药放朱奶奶屋里，那么朱奶奶喝的农药又是哪来的呢？

李梅想到了赵大刚，他是朱奶奶的邻居，经常来看望朱奶奶。李梅认为农药一定是赵大刚给朱奶奶的，赵大刚恰巧来看望过朱奶奶，而且先前赵大刚还曾帮助朱奶奶自杀过一次，只是没成功。

民警随即赶到赵大刚家，只见赵大刚正在院里烧纸钱，嘴里还嘟囔着"朱奶奶一路走好"的话。当民警询问其关于农药的事时，赵大刚坦承农药是他给朱奶奶的，但他这么做是为了帮朱奶奶解脱。

接着赵大刚就向民警讲述了事情的经过。事情还得从 3 年前说起，这年朱奶奶 70 岁，丈夫已去世 10 多年。朱奶奶非常好强，不愿给独生儿子添麻烦，丈夫去世后一直坚持独自居住生活。这天朱奶奶准备到田地里拔草，路上为了躲车，不小心掉进了路边的深坑，导致全身瘫痪。朱奶奶的儿子随即将朱奶奶接回自己家，并带着朱奶奶四处求医治病，不但花光了积蓄，还欠了不少外债，可惜的是，朱奶奶的病情始终不见好转。朱奶奶逐渐放弃了康复的希望，在她的坚持下，儿子也放弃了治疗，将朱奶奶交由妻子李梅在家简单护理，自己则远渡重洋，出国打工去了，只为多赚些钱还债。

此后朱奶奶就终日躺在床上度日，吃饭都需要儿媳妇李梅喂，自此，原本乐观坚强的朱奶奶几乎再也没笑过。赵大刚跟朱奶奶是几十年的老朋友了，看着朱奶奶变成这个样子，他很是心疼，没事儿就去看望朱奶奶，陪她聊聊天，给她宽宽心。这天恰逢朱奶奶的生日，赵大刚特意给朱奶奶买了一盒 10 元的小蛋糕。看到蛋糕，朱奶奶的脸上露出了久违的笑容，自从丈夫去世后自己就再没过过生日。随后赵大刚一勺一勺地喂朱奶奶吃蛋糕，没想到朱奶奶吃着吃着竟哭了起来，边哭边说自己现在生不如死。

朱奶奶说自己已经成为儿子一家的累赘，儿子被迫出国打工赚钱，一年到头不能回家一趟，儿媳妇也被迫辞掉工作，专门在家照顾自己，连亲戚都不能走动，虽然儿媳妇没有当面骂她老不死，可脸上满是嫌弃。朱奶奶还说自己对不起两个孙子，两个孙子一个上高中，一个上大学，花费都不小，将来还都要买房结婚，少说也得需要上百万元，光指望儿子一人赚钱，就是累死也赚不够啊。

朱奶奶对自己耽误了儿媳妇赚钱，给儿子一家增添了负担，心里满是愧疚，以至于有了寻死的念头。朱奶奶说自己已经70多岁了，将来要是一直这么躺在床上，还拖累儿子一家，不如提前结束生命。朱奶奶央求赵大刚帮其买一瓶安眠药，好让她自杀。赵大刚断然拒绝了，却又一时不知道怎么安慰有心寻死的朱奶奶，突然他想到了小时候的一件事。他跟朱奶奶说，自己小时候家里很穷，经常会饿肚子，还要干很多重活，当时他就想，要是将来有一天能什么都不用做，光躺在床上睡大觉，还有人喂自己吃喝，那该多好啊！赵大刚幽默地说，如今朱奶奶就过上了这样的好日子，应该好好享受，不该一心寻死。朱奶奶听后一阵苦笑，心情明显好了许多，还主动跟赵大刚聊起了很多往事。

赵大刚见朱奶奶脸上有了笑容，觉得自己的宽慰奏效了，却没想到朱奶奶还是铁了心要寻死。当天，就在赵大刚要走时，朱奶奶让赵大刚将门口的旧笋筐拿给自己。赵大刚没多想，就把笋筐拿给了她，随后就走了。没想到第二天李梅就找上门来指责赵大刚要害死自己的婆婆。原来，赵大刚走后，朱奶奶趁没人注意，竟然用还能动的几根手指将笋筐上的细绳解了下来，她把细绳绑在床头，准备勒死自己。幸好被李梅及时发现，没收了绳子，才阻止了她的自杀行为。

赵大刚听后既震惊又心酸，他没想到朱奶奶寻死的决心这么坚定，竟然想要勒死她自己。随后心情沉重的赵大刚拿出一盘花生米，喝起闷酒来，假如自己跟朱奶奶有一样的遭遇会怎么样？赵大刚有两个女儿，都已结婚生子，妻子去县城给其中一个女儿照看孩子去了，留赵大刚一人在家打理田地。两个女儿的家庭都不富裕，背负着巨额房贷，还要养育孩子，两个女儿过得很辛苦，根本没有多余的经济能力给赵大刚夫妇养老，一年到头，给赵大刚的钱加起来不过500元，根本不够开销。赵大刚快70岁了，还经常会跑到建筑工地做小工，赚点零花钱。赵大刚边喝酒边想，万一有一天自己也瘫痪在床，什么也做不了，只能拖累妻子和孩子们，遭亲人嫌弃，说不定自己也会有寻死的想法。

赵大刚越想越理解朱奶奶为什么要寻死，即便如此，他还是舍不得这位几十年的老朋友离开，更不愿给予其自杀帮助，让自己间接成为杀害朋友的凶手。一连几天，赵大刚都没有去看望朱奶奶，他怕朱奶奶再向自己提出帮其自杀的要求。直到一个多星期后，李梅上门来请赵大刚过去，说自己婆婆最近几天一直不肯吃东西，让赵大刚去劝劝。赵大刚没有推辞，快步跑到朱奶奶家，只见朱奶奶比上次见面时憔悴虚弱了许多，说话都没有力气了，看到赵大刚就流出了眼泪。赵大刚又是一阵心酸，抓着朱奶奶的手半天说不出话来。

李梅离开朱奶奶的房间后，朱奶奶轻声对赵大刚说，我真不想活了，你要是不帮我，我就一直绝食，直到饿死。赵大刚听后，眼泪止不住地流了下来。看到朱奶奶活得这么痛苦，这一次，赵大刚下定决心要帮朱奶奶自杀，可他实在不愿看到朱奶奶饿死，因为这个过程太漫长太痛苦了。这时，赵大刚想到自己前几日买的一瓶农药，还剩大半瓶，他认为喝农药自杀虽然也不好受，可不用煎熬太长时间，于是他将农药的事告诉了朱奶奶，朱奶奶连声说好。赵大刚随即返回家中，将农药藏在怀里，然后偷偷放进了朱奶奶的被窝里。随后朱奶奶流着眼泪跟赵大刚告别，赵大刚哽咽地说不出话来，哭着走回了家。

赵大刚预料朱奶奶当晚就会喝农药自杀，她寻死的心愿应该很快就能达成。当晚赵大刚一夜没睡，他坐在院子里，一边喝着闷酒一边流着眼泪给朱奶奶烧纸钱，希望朱奶奶一路走好！早上听说朱奶奶已死后，他不忍看到朱奶奶惨死的样子，就没有去送别。直到民警找上门，赵大刚还坐在院子里烧纸钱。

真相大白后，检察院以故意杀人罪将赵大刚起诉至法院。

法庭上，赵大刚一再解释说自己给朱奶奶提供农药，是出于一片好心，帮朱奶奶完成自杀的心愿，不能算作故意杀人。那么，赵大刚的一番好心是否涉嫌犯罪呢？

生命至上，非经正常法律程序，任何人都无权剥夺他人的生命。

在我国司法实践中，认为帮助自杀正是通过向自杀者提供精神上或物质上的帮助，使自杀者顺利实施自杀行为，从而达到非法剥夺他人生命的目的。其实质是借自杀之手达到其杀人目的，该行为侵犯了他人的生命权，所以帮助自杀应当以故意杀人罪论处，但考虑到在帮助自杀中，自杀者的行为往往起决定性作用。因此，应根据案情从宽处罚。

如果行为人的行为不积极，作用不大，主观愿望出于善意，这时可不以犯罪论处。但是，教唆精神病人或未成年人自杀，由于自杀者限于精神状态或年龄因素，对于自杀缺乏正确的认识和意志控制能力，对此，不仅要以故意杀人罪论处，而且还不能从轻或减轻处罚。

本案中，赵大刚明知自己提供农药的行为会帮助朱奶奶自杀，却对该危害结果持放任态度，在主观上有非法剥夺他人生命的故意。在客观上，赵大刚提供农药的行为，对朱奶奶自杀成功起到了不可或缺的重要作用，与朱奶奶的死亡后果之间具有刑法上的因果关系。因此，赵大刚的行为已经构成了故意杀人罪。

● **法条链接** >>>

《中华人民共和国民法典》

第一千零二条 【生命权】自然人享有生命权。自然人的生命安全和生命尊严受法律保护。任何组织或者个人不得侵害他人的生命权。

《中华人民共和国刑法》

第二百三十二条 【故意杀人罪】故意杀人的，处死刑、无期徒刑或者十年以上有期徒刑；情节较轻的，处三年以上十年以下有期徒刑。

最终，法院认定，因朱奶奶自杀态度坚决，赵大刚是在朱奶奶苦苦哀求下，才帮助其结束生命，整个过程都是在朱奶奶主观意志主导下进行的。另外，考虑到赵大刚是帮助瘫痪在床，忍受病痛折磨的人自杀，情节较轻，主观恶性较小，加上赵大刚是初犯，认罪态度较好，法院决定从轻处罚，判决赵大刚犯故意杀人罪，判处有期徒刑 3 年，缓刑 4 年。

接到判决书，赵大刚有些后悔，本以为是做了件好事，没想到竟被判故意杀人罪，可事已至此，后悔也没用，他只希望朱奶奶一路走好。

赵大刚出于好心，帮助瘫痪的朱奶奶完成自杀愿望，结果却被以故意杀人罪判了刑。接下来这个案例，男主人公也是出于好心，见义勇为救了一位姑娘，却给他人造成重伤，那么等待他的又会是一个什么结果呢？

2019 年春节前夕的一天晚上，林鹏和妻子正在家看电视，忽然听到楼下邻居家传出一阵猛烈的踹门声，接着就听到一名女子大喊救命。林鹏素来侠义心肠，听到后立马起身跑到楼下。

林鹏见一位邻居家的房门大开，他一个箭步进了门，只见一名中年男子正把一名女子按在墙上，男子的右手掐住了女子的脖子，女子连话都喊不出来，眼看就要被掐窒息了。

林鹏见状，赶忙用力把男子拉开。男子恼羞成怒，大骂林鹏多管闲事，还直接朝林鹏的胸口打了两拳。林鹏的胸口一阵疼痛，他咬着牙反击，朝男子肚子上猛踹了一脚，男子随即一屁股坐到地上，"哎哟"地叫了起来。林鹏还想继续反击，只见男子举起一只手，痛苦地说："别打了，我这就走。"说罢，男子艰难地起身，然后捂着肚子走了。

林鹏回头再看被侵犯的女子，女子早已被吓得面色惨白，浑身哆嗦。林鹏本想安慰女子几句，这时妻子下楼喊林鹏回家，林鹏随后回了家，从下楼到回家，总共不超过 5 分钟。

林鹏本以为事情就这样过去了，没想到几天后，有民警通知他去当地派出所做笔录。林鹏满头雾水，随后他从民警口中得知，当晚被他一脚踹倒的人名叫马洪兵，从女子家出来后感觉疼痛难忍，便去了医院，经检查是大肠破裂，做了紧急手术，手术后马洪兵报了警，后来经伤情鉴定，属于重伤。

林鹏听后惊得目瞪口呆，随后在派出所详细地跟民警介绍了当晚的经过，并一再解释说，自己当时对马洪兵动手是见义勇为，是为了解救被其侵犯的女邻居。做完笔录后，林鹏打算回家，却因"涉嫌故意伤害罪"被送进看守所。林鹏甭提多懊悔了，没想到出于好心，帮助女邻居解围，竟然把自己弄进了看守所。好在林鹏的妻子很快为林鹏申请了取保候审，林鹏可以暂时回家了。

在取保候审期间，林鹏找到律师就案件进行了咨询。律师分析说，林鹏要是被以故意伤害罪判刑的话，可能要在监狱里度过 3 年至 5 年，还要支付马洪兵几十万元的赔偿金。林鹏听后倒吸了一口凉气，心想，这也太没天理了吧，男子侵犯女邻居无罪，自己因为出手相助，倒要坐牢，还要赔偿其几十万元。林鹏顿感绝望，这时律师又告诉他，还有另一种可能，那就是林鹏最后被判正当防卫，这样就不会坐牢了，也不用承担民事赔偿责任。

林鹏下决心要极力证明自己是正当防卫，他随即联系到当晚被马洪兵侵害的女子小雅，希望她能为自己做证。小雅刚满 24 岁，是外地务工人员，事发后因为害怕提前回了老家过春节，得知林鹏因为救自己惹上了官司，她表示很过意不去，并在第一时间赶到派出所，向民警说明了当晚的具体情况。

小雅是某酒店的服务员，而马洪兵则是该酒店的餐饮部经理。马洪兵平时跟小雅说话时，眼神总是色眯眯的，还总跟小雅讲黄段子，这让小雅见了他就想躲得远远的。这天下了晚班，小雅正准备找辆共享单车骑着回家，没想到马洪兵突然出现，坚持要开车送小雅回家，还硬拉着小雅坐上了他的车。

小雅是跟朋友合租的房子，朋友提前回家过年了，现在只有小雅一人居住。车到了楼下，小雅随即下车快步上楼，没想到马洪兵竟跟了上来。小雅意识到不好，紧跑几步，打开房门就走了进去，并随手关上了门。小雅随即松了口气，可紧接着就听到踹门声，没几下，门就被马洪兵踹开了。小雅的心提到了嗓子眼，听到马洪兵说要留下来过夜，小雅气得浑身不住地打战，她使出浑身力气，想把马洪兵推出门去。可马洪兵就是赖着不走，还企图脱小雅的衣服。小雅拼命挣扎，被马洪兵按在墙上无法动弹，只能大喊救命。为止住小雅喊叫，马洪兵卡住了小雅的脖子，小雅呼吸困难，几乎窒息。就在这时，林鹏及时出现，一把拉开了马洪兵，接着就被恼怒的马洪兵打了两拳，林鹏随即反击，将马洪兵一脚踹倒，随后马洪兵才悻悻地离开了小雅的住处。

对于小雅的叙述，马洪兵没有反驳，却一再强调自己被林鹏一脚踹成重伤的事实。

小雅认为马洪兵是罪有应得，林鹏是见义勇为，不是故意伤害。但办事民警却认为，林鹏虽然可以排除故意伤害的嫌疑，但仍涉嫌过失致人重伤。两个月后，公安局以涉嫌过失致人重伤罪将林鹏移交人民检察院。

这下林鹏慌了，眼见将有牢狱之灾，觉得委屈的他，将自己的遭遇发布到网络，一时间舆论哗然，很多网友都为林鹏鸣不平，认为林鹏的行为是正当防卫。那么林鹏的行为到底算不算正当防卫呢？

● 律师说法：见义勇为致人重伤还算不算正当防卫 >>>

正当防卫是指为使国家、公共利益、本人或者他人的人身、财产和其他权利免受正在进行中的不法侵害，而采取的制止不法侵害的行为，对不法侵害人造成损害的，属于正当防卫，不负刑事责任。

正当防卫明显超过必要限度造成重大损害的，应当负刑事责任，但是应当减轻或者免除处罚。所谓防卫过当是指正当防卫行为超越了法律规定的防卫尺度，因而应当负刑事责任的情况。

那么怎么判断防卫是否过当呢？认定防卫过当应当同时具备"明显超过必要限度"和"造成重大损害"两个条件，缺一不可；判断是否"明显超过必要限度"，要立足于防卫人防卫时所处情境，结合社会公众的一般认知作出判断；"造成重大损害"是指造成不法侵害人重伤、死亡。造成轻伤及以下损害的，不属于重大损害。

本案中，小雅正遭受马洪兵的不法侵害，林鹏出手相救，是及时且必要的举措。马洪兵不法侵害行为受挫后，率先动手打了林鹏两拳，林鹏出于自卫，也为了保护小雅，还击了一脚，并无不当，但没预料到这一脚过重，竟导致马洪兵大肠破裂。

● 法条链接 >>>

《中华人民共和国民法典》

第一百八十一条 【正当防卫】因正当防卫造成损害的，不承担民事责任。

正当防卫超过必要的限度，造成不应有的损害的，正当防卫人应当承担适当的民事责任。

《中华人民共和国刑法》

第二十条 【正当防卫】为了使国家、公共利益、本人或者他人的人身、财产和其他权利免受正在进行的不法侵害，而采取的制止不法侵害的行为，对不法侵害人造成损害的，属于正当防卫，不负刑事责任。

正当防卫明显超过必要限度造成重大损害的，应当负刑事责任，但是应当减轻或者免除处罚。

对正在进行行凶、杀人、抢劫、强奸、绑架以及其他严重危及人身安全的暴力犯罪，采取防卫行为，造成不法侵害人伤亡的，不属于防卫过当，不负刑事责任。

检察院经审查认为，林鹏的行为属于正当防卫，但超过必要限度，造成了马洪兵重伤的后果。鉴于林鹏有制止不法侵害的行为，为弘扬社会正气，鼓励见义勇为，综合全案事实证据，对林鹏作出了不予起诉的决定。但林鹏毕竟防卫超过了必要限度，需要依法承担适当的民事赔偿责任。

得知自己不会被起诉，不会坐牢，林鹏长舒了一口气。在庆幸之余，他也有了一个深刻的认识，那就是，见义勇为也得把握分寸。

● 案件感言：生命健康权与当事人意志 >>>

好心帮忙没有错，但也要看帮什么忙。第一个案例中，帮人自杀的忙实在是帮不得，一旦帮了就可能涉嫌故意杀人，因为谁都没有权力剥夺他人的生命权。另外，虽然刑法鼓励公民见义勇为，可是一旦防卫过当，就可能要负刑事责任。所以，在实施见义勇为时还是应该把握好分寸，以免给他人带来伤害，同时也给自己带来麻烦。

"寻死"背后的阴谋

◇摘　　要：刘训的大伯留了封遗书就去后山寻死了，而遗书上写明的存折却不翼而飞了。大伯好端端为何要寻死，存折又去哪儿了呢……

◇关键词：诈骗罪　盗窃罪　诈骗罪与盗窃罪的区别

2016 年 7 月 22 日下午，家住北方某山村的刘训下班后去看望大伯刘启明。半年前大伯被查出患上了食道癌，从此一蹶不振，甚至有了轻生的念头，动不动就说"还不如死了算了"。刘训担心大伯会真想不开，抽空便来安慰大伯。刘训来到大门前，一边喊着大伯，一边使劲敲门，可大伯却迟迟没来开门。刘训觉得奇怪，莫非大伯出去了？可大伯很少外出的，要不然就是病情加重，起不了床了？刘训赶忙掏出大伯家的备用钥匙，自己开门走了进去，不料大伯竟然真的不在家。

刘训有些纳闷，大伯早年死了妻儿，一人独居多年，性格孤僻，跟外人少有来往，他会去哪儿呢？刘训满头雾水，正寻思间，他发现桌上一个茶碗底下，压着一张叠得整整齐齐的纸。刘训好奇地打开来看，没想到竟是一封遗书。遗书上写着：我刘启明现有存款 5 万多元，因无子女，这些钱除了用于自己的丧葬费用外，剩余的都留给侄子刘训，存折就放在枕头底下，密码已写在了存折上。因担心大伯的钱会有闪失，刘训赶忙找寻存折，可枕头底下什么都没有。

大伯莫名其妙地留了封遗书又不知所踪，而遗书上说的存折也找寻不到，刘训既担心又着急，赶忙向后山跑去。而他之所以往后山跑，是因为大伯刘启明先前找人在后山提前为自己修了一个坟墓，刘训想，大伯万一真要寻死，必定会到坟墓附近去。刘训跑得上气不接下气，生怕来不及救大伯。

走到大伯坟墓前，刘训只见附近堆放着几件随身衣物和一个空酒瓶，却不见大伯的身影，不过却有一股浓浓的酒气从坟墓里散发出来。坟墓是用石头和石板砌的，刘训赶忙扒开最外面的几块小石头，凑近往里瞧，只见大伯躺在里面，身上还穿着寿衣，仔细听还能听到大伯的呼吸声，可任凭刘训在外面怎么喊，大伯都毫无反应。

刘训吓坏了，手忙脚乱地想把大伯从坟墓里扒出来，可坟墓砌得太结实了，他用手根本扒不开。刘训赶紧掏出手机报了警，随后民警赶到，又叫了几个村民，合力将刘启明从坟墓里弄了出来，见刘启明不省人事，又赶紧将他送到医院救治。

刘训守在大伯的病床前，又想起了那封遗书上所说的存折。既然大伯寻死是真，那么存折就应该也真的存在，可为什么枕头底下没有呢？莫非是大伯记错了放存折的地方？刘训认为不大可能，大伯向来谨慎，又对这笔钱看得很重，对于放钱的地方一般不会记错。刘训心想，莫非有人在他之前取走了存折？可这人又会是谁呢？他怎会知道大伯放存折的地方，又碰巧赶在了大伯寻死的这天取走了存折。

经医生检查，刘启明是酒喝多了，又吃了安眠药，再加上坟墓里比较封闭，有些缺氧，这才导致昏迷不醒。经过医生的救治，刘启明当夜就醒了过来。见大伯醒来，刘训悬着的心总算放下来了，不料大伯竟生气地冲他大喊道："谁让你救我的，让我死，现在就死！"刘训赶忙劝解大伯说："好死不如赖活着，你干吗着急死呢？"大伯一听更生气了，说道："你懂什么，今天是我的死亡佳期，如果今天我死了，下辈子会大富大贵的。"

刘训顿时愣住了，人死还有挑日子的？大伯怎么会有这种想法？刘训试探着问大伯，大伯先是不肯说，后在刘训的一再要求下才道出了实情。原来那个所谓的"死亡佳期"是一个风水先生给大伯挑选的，就连大伯的墓穴也是风水先生给选的。

刘启明今年63岁，10多年前，独生子还没结婚就出车祸去世了。

刘启明的妻子因儿子的死也一病不起，没过多久也死了，自此刘启明就没再娶妻。刘启明靠养羊为生，年收入不过两三万元，而他竟靠着省吃俭用，攒下了 10 多万元。他本想靠这些钱养老，不料却被查出食道癌晚期。起初刘启明到处求医，正规医院的手术、乡野郎中的偏方他都试过了。可半年下来，治疗效果都不理想，眼看积蓄即将被用完，他有些绝望了，想着反正花钱也治不好，不如用剩下的钱好好活着，能活多久算多久。就这样，刘启明逐渐放弃了治疗。

此时的刘启明只想着好好享受剩余的时间，希望尽可能活得长久些，可一个人的出现却让他改变了这个想法，甚至让他满心期待生命结束的那一天。

一个月前，一个留着长胡子的陌生男子来到刘启明家，自称是风水先生，到此地帮人看风水来了，因口渴向刘启明讨杯水喝。刘启明向来迷信，一听是风水先生驾到，立马热情招待。风水先生自称年近 50 岁，天生有阴阳眼，自小就帮人看风水，此外还精通相面和算卦。风水先生一面说着一面打量着刘启明，随口说道："我看施主面相福薄，早年丧妻丧子，晚年又重病缠身。"刘启明听闻惊得目瞪口呆，认为眼前的风水先生简直是神仙，立马下跪磕头，说风水先生算得很准，自己现在得了食道癌，请风水先生救救自己。风水先生为难地说他不是大夫，治不了病，不过他却可以让刘启明在死后的下辈子得以大富大贵，只要找个好墓穴，挑选个死亡佳期就行。刘启明先是很失望，不过转念一想，自己已经 63 岁了，又孤身一人，就算治好病，再活上 20 年也没什么意思，还不如早点投胎，下辈子做个富贵人。

刘启明想开了，便央求风水先生给自己挑选个好墓地和死亡佳期，并拿出 500 元要给风水先生，可风水先生并没有收这 500 元，还说两人有缘，愿意免费帮刘启明化解难处。随后风水先生向刘启明索要了生辰八字，并掏出一本发黄的《易经》，一手掐指算，一手翻书，很快就给刘启明算出了最佳的死亡日期，今年的阳历 7 月 22 日，时间距当时只有一个月。随后风水先生又跟随刘启明去了后山，用罗盘为刘启明挑选了一块墓地，说该墓地风水极佳，定能保墓主人下辈子大富大贵。

刘启明对风水先生千恩万谢，可风水先生却一再告诫刘启明，不要向任何人提起此事，还说倘若泄露天机，就不灵验了。而刘启明也生怕告诉了别人后，"死亡佳期"当天会死不成，所以风水先生跟自己说的事，刘启明一直没告诉任何人。

风水先生走后，刘启明就积极准备起自己的后事来。他先是找人为自己修建坟墓，谎称墓地是自己挑选的，坟墓只留一个大洞可让人钻入即可。另外，刘启明还买好了寿衣，等死时穿。期间侄子刘训常来看他，总是劝他积极治病，不要着急修坟。可刘启明一心盼着"死亡佳期"的到来，也不能跟侄子明说，嘴上还嘀咕着"还不如死了算了"。刘启明说等他死后，所有家产都留给侄子刘训，因为刘训是他唯一的侄子，算是最亲的人了，还将家里的备用钥匙给了刘训一把。

就在"死亡佳期"前一天，风水先生突然又来了，说是来为刘启明送行。风水先生还趁机告诫刘启明说，来世要想有钱，死前就要枕着钱睡觉，从现在起他要将钱或存折，还有身份证都放在枕头底下；另外明天出门后还要将钥匙放到大门框上，以方便开启下辈子的财富之门；最后又再次告诫刘启明不可告诉任何人。此时的刘启明早将风水先生当成了恩人，对于恩人的话他没有半点怀疑，反而还很感激，他牢记在心，一切照办。

后来刘启明又觉得不能这样一声不吭地死去，对后事应该有一些交代。于是在"死亡佳期"当天一大早他便写了份简短的遗书，告诉侄子刘训，自己还有5万多元存款，部分用于办丧事，剩下的归刘训所有，存折放在了枕头底下。为方便侄子取钱，刘启明还将密码写在了存折上。刘启明将遗书叠整齐，放在桌上，用茶碗压住，之后便准备出门去后山寻死。

刘启明即将离开这个世界，心中充满着无限感慨，想到已经去世的妻子和儿子，更是无比伤感，可一想到将要有一个非常美好的下辈子在等着他，他反而有几分欣慰。刘启明将寿衣包在一个包袱里，之后拿了一瓶烈酒和几片安眠药就到后山去了，依照风水先生的告诫，刘启明锁门后将钥匙放到了大门框上。来到坟墓前，刘启明先换上寿衣，又将一瓶酒慢慢喝下肚，安眠药也吃了，这才慢慢地从坟墓预留的洞口爬了进去，然后又用几个小石块堵住洞口，做完这些刘启明便躺在坟墓里昏昏欲睡起来。

让刘启明没想到的是，虽然他保守了秘密，可是却没死成，侄子刘训及时找到了他，并在民警的帮助下救了他的命。被救醒的刘启明对救助他的人没有一丝感激，反而很生气，眼看时间接近午夜了，再不死就来不及了，他赶忙爬下床，扬言要赶回他的坟墓再想办法寻死。刘训见状赶忙拦住大伯，并将枕头底下的存折不见了的事告诉了大伯，说自己怀疑风水先生是骗子，存折就是他拿走的。

刘启明一听存折不见了，顿时瘫坐在地，那可是他省吃俭用攒下的，要是找不回来，他死了连丧事都办不成。可他并不相信风水先生会骗他，更不相信风水先生会拿走他的存折，他一再声称风水先生不是贪财的人，给他看墓穴，测八字，都是分文未取。而刘训反而觉得这样的风水先生更可疑，风水先生就是靠给人看风水赚钱的，哪有不要钱的道理，肯定另有图谋。于是，刘训再次报了警。

民警随后通过银行取款记录和摄像头影像，很快锁定了作案嫌疑人，并将其抓获。嫌疑人名叫陈强，20多岁，面相跟刘启明的描述有很大差距，陈强也一再坚称民警抓错人了。可当民警在其家中搜出了假胡子和化装用具，以及一系列看风水用的道具后，陈强无从狡辩，只好承认了自己假扮风水先生，对刘启明行骗的事实。

民警本以为这就是一起简单的诈骗案，可随着详细询问和深入调查，却发现陈强之所以选择对刘启明下手，其动机并不简单，竟是为了报复刘训。那么陈强跟刘训到底有何恩怨呢？

原来，陈强和刘训曾是中专同学，毕业后又同在县城的一家机械厂工作了两年，交情甚好。陈强一心想赚大钱，投资了一个融资平台，因前期回报率高，返钱速度又快，他赚了不少钱。后来，陈强将这个发财渠道推荐给了刘训。刘训在陈强的鼓动下，把所有积蓄都投了进去，起初也赚了点小钱，但好景不长，融资平台因涉嫌非法集资，一夜之间就被关停了。就这样，两人投资的钱都打了水漂。

投资失败后，刘训跟陈强的关系也变得紧张起来：刘训埋怨自己听了陈强的话，结果弄得血本无归；可陈强也觉得委屈，当初他也没想到融资平台是非法经营。后来，陈强辞职去了南方打工，此后两年两人都没再见过面，当两个人再见面时，竟然当众大打出手。

原来，陈强离开机械厂前在单位谈了一个女友，名叫小兰，小兰不愿跟陈强一起去南方，不久还以聚少离多、感情变淡为由，跟陈强分手了。而让陈强没想到的是，去年年底刘训结婚，新娘竟是自己当初的女友小兰。看着朋友圈里，刘训发的结婚照片，陈强非常难过，怀疑小兰当初跟自己分手就是因为刘训，于是一气之下就跑去找刘训算账。两人见面后，陈强二话不说就冲刘训挥起了拳头，边打边骂刘训不是个东西，霸占自己的女友。刘训一再声称，他跟小兰开始谈恋爱是在陈强跟小兰分手一年后，跟陈强没有半点关系。陈强不相信，继续打骂刘训。刘训报了警，陈强随后被民警带走，拘留了几日，自此他便恨上了刘训。

陈强从拘留所出来后，到处闲逛散心。这天他来到一座寺庙前，看见一个和尚跟人简单说了几句话就收了几百元香火钱，心中很是羡慕。靠嘴皮子赚钱简直是无本万利，而此前他也曾听说过很多风水先生靠给人看风水发家的故事，这让陈强产生了想靠给人看风水赚钱的想法。当晚陈强兴奋得一夜未眠，第二天就到旧货市场买了几本有关看风水的书，还有一个旧罗盘，准备充当门面，早日挣钱。

经过几个月的潜心研究，陈强慢慢掌握了一些看风水的要领，决定小试牛刀。就是在此时，刘启明成了他第一个试验对象，而他之所以选择刘启明，就是因为他是刘训的大伯。

刘训曾在微信群里发布信息说，大伯刘启明得了食道癌，谁有好的治疗方法可以向他推荐。让刘训万万没想到的是，他这句话竟然给了陈强可乘之机。陈强看到信息后大喜，他知道刘启明年老迷信，如今病入膏肓，更会病急乱投医，正是理想的行骗对象。

陈强曾见过几次刘启明，因为担心刘启明会认出自己，也想让自己看上去成熟稳重些，陈强为此精心打扮一番，不但穿着打扮像老者，下巴还贴上了长胡子，就连说话也模仿起老者的腔调。刘启明见到陈强后，没看出任何破绽。而陈强谎称是从面相上看出刘启明早年不幸，如今又得了重病，刘启明竟信以为真，还以为陈强神通广大，忙拿出几百元要陈强帮他消灾。可陈强当时却没要刘启明的钱，他心里想着要先获取刘启明的完全信任，而免费服务正可以帮他达到这个目的。

接着，陈强就信誓旦旦地说，他能够帮刘启明获得下辈子的荣华富贵。刘启明被陈强说动了，请陈强帮自己找块风水好的墓地，并帮他测算一下死亡的好日子。陈强见刘启明上套了，便要了他的生辰八字，装模作样地测算起来，最后胡乱说了一个日期。之后陈强到后山，随便给刘启明寻了块墓地，却谎称风水极佳。为防外人干预，陈强要刘启明严守秘密，不然会遭报应。刘启明一再向陈强保证绝不会告诉任何人。

陈强第一次没要刘启明的钱，是为了放长线钓大鱼，其实心里早就惦记上了刘启明的钱财，他正盘算着怎么在刘启明死后第一时间拿到这些钱。眼看刘启明的"死亡佳期"临近，陈强再次来到刘启明家中，此时刘启明已经对他言听计从了，当他要求刘启明将钱和证件都放到枕头底下，最后一次出门钥匙要放大门框上时，刘启明竟没有丝毫怀疑。

"死亡佳期"当日，陈强早早地就守在了刘启明家附近。等刘启明一出门，他就拿着钥匙打开了门，进入刘启明的家，并从枕头底下拿走了刘启明的存折和证件。让陈强喜出望外的是，刘启明竟将密码写在了存折上，这让他在取款时毫不费力。此时陈强想着，如果刘启明真死了，他欺骗刘启明的事也就无人知晓了，而万一刘启明没死成，陈强也不担心会被逮到，因为他当时化了装，没人会认出他。

陈强不但轻松地得到 5 万多元，还间接地报复了刘训，心里别提多痛快了，一连好几天都泡在酒馆喝酒。而让他没想到的是，民警很快找上了他，这才得知刘启明没死成，他用风水行骗的事被揭穿了。

得知骗大伯刘启明的是曾经的好友陈强时，刘训气愤不已。想当初两人可是好到不分彼此，虽然因为投资闹得不愉快，但刘训并没太责怪陈强，毕竟谁也没有先见之明。至于跟妻子小兰谈恋爱，完全是在小兰跟陈强分手一年后，并不是他不仗义。没想到陈强会因此报复自己，竟拿大伯的生命行骗。

不久，陈强就因涉嫌盗窃罪被人民检察院提起了公诉。

看到这里，有读者可能不禁要问，陈强以"风水先生"名义，哄骗刘启明将存折等证件放在枕头底下，之后到银行将存折里的钱骗走。陈强的目的是为了骗钱，而且他从头到尾一直在虚构事实欺骗刘启明，最终也得到5万多元，陈强的行为应该是诈骗，检察院怎么会以盗窃罪起诉陈强呢？

● 律师说法：诈骗罪 >>>

诈骗罪是指以非法占有为目的，用虚构事实或者隐瞒真相的方法，骗取数额较大的公私财物的行为。

诈骗罪与盗窃罪的最大区别是，诈骗罪是被害人在错误的认识下，自愿将财物交给犯罪分子；而盗窃罪不是被害人将财物交给犯罪分子的，而是被犯罪分子秘密窃取的，也就是被偷偷地拿走。

本案中，最初陈强以看风水的名义，接触被害人刘启明确实为了骗取钱财，但是，陈强并没有直接骗取钱财，而是为后来的盗窃做好铺垫。刘启明并没有自愿将存款5万多元交给陈强，恰恰相反，陈强是在得知刘启明已将存折放在枕头底下后，趁着刘启明不在家，偷偷跑进刘启明家中将存折偷走，接着到银行将钱取走。可见陈强的犯罪行为并不是诈骗罪，而是盗窃罪。

《中华人民共和国刑法》

第二百六十四条 【盗窃罪】盗窃公私财物，数额较大的，或者多次盗窃、入户盗窃、携带凶器盗窃、扒窃的，处三年以下有期徒刑、拘役或者管制，并处或者单处罚金；数额巨大或者有其他严重情节的，处三年以上十年以下有期徒刑，并处罚金；数额特别巨大或者有其他特别严重情节的，处十年以上有期徒刑或者无期徒刑，并处罚金或没收财产。

《最高人民法院、最高人民检察院关于办理盗窃刑事案件适用法律若干问题的解释》

第一条第一款 盗窃公私财物价值一千元至三千元以上、三万元至十万元以上、三十万元至五十万元以上的，应当分别认定为刑法第二百六十四条规定的"数额较大"、"数额巨大"、"数额特别巨大"。

在诉讼过程中，陈强的家人主动赔偿了刘启明的损失，为陈强争取从轻处罚。最终，法院以陈强犯盗窃罪，判处有期徒刑 2 年，并处罚金1000 元。

面对判决，陈强悔不当初，不该为了赚大钱就昧着良心骗人，一想到刘启明因为自己的胡言乱语差点送了命，陈强就满心愧疚。

● **案件感言**：远离封建迷信，提高财产保护意识 >>>

人的生老病死并非天注定，生病了就要治病，求神问卜根本医不好病。至于转世投胎之说，没有科学依据，是迷信，而任何轻信迷信的行为只会为不法分子提供可乘之机。

另外，赚钱没有捷径，踏踏实实工作才是正道。天上不会掉馅饼，高回报的投资或许隐藏着意想不到的陷阱，而信口开河的行骗已属于犯罪行径。

"寻死"背后的阴谋

我 的 女 友 是 大 妈

◈ **摘 要**：一位大妈为了跟年轻男友谈恋爱，故意隐瞒年龄，后来年轻男友竟以此为借口，拒绝还从大妈那里借的钱……

◈ **关键词**：民事证据自认　感觉被骗是否可以欠钱不还

2019 年春节期间，北方某市的一家商场里人山人海，非常热闹，突然一阵吵闹声让周围人都安静下来。只见某个货柜旁，一个穿着商场售货员衣服的大妈，正拽着一名年轻男子不放，嘴里不住地嚷嚷着："你还我钱！还我钱！"周围人起初都以为是男子拿了大妈的商品不给钱，纷纷指责男子，可紧接着男子的一句话让周围人都蒙了，只听男子气急败坏地对大妈喊道："是你欺骗我在先，你都跟我妈差不多年纪了，还装嫩跟我搞对象，真是不要脸！"大妈听后顿时脸臊得通红，她气急败坏地回骂男子道："你吃我的，穿我的，借我的钱不还，你无耻！"随后两人展开了无休止的骂战，"不要脸""无耻"等脏话不断从两人嘴里蹦出来。周围人大概明白了两人的关系，原来两人曾是情侣关系啊！很快，商场就报了警，民警迅速赶到，将两人带到了派出所。

人们不禁好奇，两个年龄差距如此悬殊的人是怎么走到一起的？男子又到底欠大妈多少钱呢？

民警经询问得知，大妈名叫王大梅，原来是名全职家庭主妇，丈夫在一家公司当经理，平时比较忙碌。一年前，王大梅的独生儿子结婚了，搬出了家，家里就剩她和丈夫两个人了。王大梅突然觉得家里空了，白天在家里只能看电视来消磨时间，晚上丈夫回到家倒沙发上就玩手机。王大梅跟丈夫说话，丈夫都不看她一眼，总说工作太累了。

这天，王大梅突发奇想，还有一个星期就是自己50岁生日了，自己何不借机跟丈夫重温一下过去的美好时光，将往日的激情找回来。王大梅先是预定了生日蛋糕，生日当天还做了一大桌好菜。本以为丈夫看到这一切会心领神会自己的意思，没想到丈夫看到一桌好菜竟生气了，嫌王大梅太浪费，两个人根本吃不完，边吃边嘟囔着："都一大把年纪了，还学年轻人过生日，你也不害臊!"几句话让王大梅没了过生日的兴致，连饭都吃不下去了，索性回卧室休息去了。

王大梅对丈夫彻底失望了，她想到了离婚，可她已年过半百，离婚似乎并不容易。首先，儿子肯定会反对，儿子会认为父母都一大把年纪了还离婚，太丢人了；其次，离婚后她也难再找到合适的老伴，即便找到了，对方的子女也未必会接纳自己；最后，她一直靠丈夫养着，没怎么工作过，也没有养老保险，离婚后她靠什么生活啊?一想到这儿，王大梅瞬间觉得无比悲哀，看来自己这辈子是离不开丈夫了，虽然跟丈夫在一起的日子很乏味，可总比孤独终老，老了无人照顾好啊。

王大梅打消了离婚的主意，却下定决心要改变现在的生活，可怎么改变呢?王大梅实在是太想找个人聊天了，可儿子刚结婚，没时间陪她，而丈夫又不愿搭理她，失望之余，王大梅决定去网上找人聊天。于是，王大梅申请了一个微信账号，将个人信息设定成年龄35岁，单身，还用一张年轻时漂亮的艺术照作为头像。她之所以这么做是想增加吸引力，怕别人一看到自己的真实年龄，会不愿意跟自己聊天。随后，王大梅开始不断用微信搜索附近的人，并添加好友。

王大梅很快吸引了很多人的注意，其中一位叫陈刚的男子，跟王大梅聊得最为投机，对王大梅也最为关心。陈刚自称30岁，在某电子厂打工，老家在农村，家庭经济条件不好，一直单身。陈刚整日对王大梅嘘寒问暖，还一口一个王姐叫着，让王大梅对其产生了好感。另外，虽然两人年龄差距悬殊，但都喜欢看老电视剧，都爱听老歌。陈刚说自己恋旧，喜欢有年代感的东西，也喜欢跟比自己年长的人交往。王大梅越发喜欢跟陈刚聊天了。

很快，陈刚向王大梅提出了见面的请求。王大梅只想网络聊天，不想见面，便找借口拒绝了。如此两三次，陈刚不高兴了，说王大梅不是诚心跟自己交朋友。王大梅担心陈刚会因此不再搭理自己，再重新找一个聊得来的网友又太麻烦，便决定去见陈刚，可她又担心面容会暴露真实年龄，便在见面前精心打扮了一番，脸上敷了厚厚的粉底，穿上显身材的连衣裙。好在王大梅平时就注意面部保养和身材管理，这番打扮后，根本看不出是50岁的人。

两人见面后，陈刚盯着王大梅看了好久，直夸王大梅漂亮，会穿衣打扮。临分别时，陈刚突然抓住王大梅的手，说喜欢王大梅，要王大梅做自己的女朋友。王大梅惊呆了，她只想跟陈刚做网友，可没想过要升级做男女朋友啊！再说了，她已经结婚，有丈夫，两人怎么可能在一起？王大梅当即拒绝了，有心要说出实际年龄吓退陈刚，可还没张嘴，陈刚竟然强吻了王大梅，还将她拥在了怀里。王大梅瞬间感觉一股暖流温暖全身，她好久没有过这种感觉了。王大梅没有挣脱，她真正需要的不只是有个人陪自己聊天，更需要有个男人爱自己，她的丈夫连话都不愿跟她多讲，她根本体会不到被爱，而现在陈刚让她再次有了被爱的感觉。

回到家后，王大梅的内心久久不能平静，她想拥有这种幸福的感觉更久一些，可这样一来就要背叛丈夫，她突然有种罪恶感。王大梅的内心开始挣扎，她早已厌倦了跟丈夫一潭死水的生活，她渴望改变，如今陈刚给了她机会，她不想失去。可王大梅心里也明白，她跟陈刚年龄差距太大，不太适合长久在一起，因此她只想跟陈刚谈场不会有结果的恋爱，就当是放纵一下。当然王大梅肯定不想让丈夫知道此事，因为她最终还想回归家庭，跟丈夫白头偕老。

王大梅打定了如意算盘，一边跟陈刚热恋，一边悄无声息地瞒着丈夫，还拿丈夫的钱贴补陈刚。因为真实年龄的关系，王大梅在陈刚面前很心虚，生怕一不小心泄露这个秘密。为博得陈刚的好感，两人在一起时，王大梅都是抢着买单，有时还会买些衣服、电子设备等物品送给陈刚。陈刚很感激，每次收到礼物都会回报王大梅一个长长的拥抱。

为了方便外出跟陈刚约会，王大梅对丈夫谎称她报了一个广场舞社团。丈夫对此没起疑心，不过却发现王大梅有些不对劲，那就是王大梅每次出门都打扮得花枝招展的，这让他很是看不惯，嘟囔着说："年纪一大把了，还装嫩，丢不丢人！"要是以前，王大梅听了这话肯定不高兴，可如今她心里全是陈刚，丈夫的话丝毫影响不了她的心情。

热恋中的两人联系变得越发频繁，从早到晚，陈刚不断给王大梅发信息。王大梅看着信息心里比蜜还甜，她总是及时回复，如果碰巧丈夫在家，她就躲到厕所里去回复。这天晚上，王大梅又躲进厕所回复陈刚的信息，因为太专注了，她竟然连丈夫在厕所外站了许久都没发现，直到丈夫一把拉开厕所门，冲进去夺了她的手机，她才反应过来。王大梅赶忙抢夺手机，却被丈夫推倒在地，然后丈夫翻看起王大梅跟陈刚的聊天信息来。

丈夫越看越生气，脸色渐渐变得铁青。王大梅仿佛听到了丈夫呼吸声中夹杂着咬牙的声音，吓得大气不敢喘一下，她不敢想象接下来丈夫会怎么收拾自己。王大梅的心扑通扑通跳个不停，忽然丈夫恶狠狠地将手机砸到了她的脑袋上，王大梅痛得"哎哟"一声，而紧接着，丈夫又使劲踹了她几脚，她觉得浑身骨头都快散架了。丈夫发泄完怒气，气呼呼地冲王大梅大喊道："明天就去离婚！不要脸！"王大梅本不想离婚，可如今这局面，已经由不得她了，她了解丈夫的脾气，一旦做了决定，是绝对不会再改变的。

很快，王大梅便跟丈夫协议离婚，因为婚内出轨，家里的房子车子都归丈夫，存款王大梅只分得了 20 万元。王大梅自知有错在先，而家里的财产又都是丈夫挣下的，便没有过多的要求，办完离婚手续后就搬出了家。王大梅通过中介公司找了套一室一厅的房子住了下来，看着狭小的房间、简陋的家具，她心里有些悲哀，而让她更悲哀的是，丈夫将她出轨的事告诉了儿子，儿子打电话不停地埋怨她，还要跟她断绝母子关系，说母亲太让他丢人了。王大梅甭提多伤心了，觉得过去为儿子做的一切牺牲都白费了。面对未来，她内心充满了惶恐，结婚以来，因为家里条件不错，她几乎没怎么工作过，现在离婚了，她将来该怎么生活，手里的 20 万元能维持多久？

王大梅正因为离婚的事心情低落，就在这时，陈刚向她提出了同居的请求。王大梅正好需要人陪，便答应了。于是，陈刚从公司宿舍搬去了王大梅的出租屋。有了陈刚的陪伴，王大梅逐渐走出了离婚的阴影，并开始觉得离婚未必是坏事，因为陈刚表现得很爱她，对她百依百顺，还百般宠爱，她感觉自己仿佛又回到了少女时代，心态也年轻了许多。为了防止陈刚知道自己的真实年龄，王大梅故意藏起了身份证，也很少跟熟人联系，生怕露出破绽。

王大梅开始幻想着能跟陈刚做长久夫妻，并向陈刚说出了自己的想法，可让她没想到的是，陈刚却拒绝了她。原来，陈刚忽然有了做生意的打算，要开一家小饭馆。陈刚说自己现在要能力没能力，要钱没钱，结不起婚，他要先把事业干起来，赚了大钱再结婚。可做生意需要钱，陈刚几乎身无分文，于是他向王大梅借钱。王大梅觉得陈刚想自己当老板是好事，到时自己还可以做个老板娘，于是爽快地借给陈刚 10 万元。这样王大梅手里的钱就不多了，既要付房租，还要负担两人的日常开销，为防止坐吃山空，王大梅应聘到商场做了售货员。

售货员的工作让王大梅觉得很辛苦，开始寄希望于陈刚的饭馆赶紧赚钱，这样陈刚就能养着她了。可让她失望的是，饭馆一直不景气，不但没赚到钱，还赔了不少钱。陈刚又先后从王大梅那里借了 5 万元，合计欠王大梅 15 万元。王大梅再没钱借给陈刚了，不想陈刚竟因此跟她翻脸了。这天，陈刚又向王大梅借 5 万元，王大梅说自己没钱了，陈刚起初不信，王大梅便给他看自己的存款账户，陈刚一看确实没钱了，便淡淡地说："没钱了，就分手吧！"

王大梅简直不敢相信自己的耳朵，没钱就分手，难道陈刚跟自己在一起就是因为钱吗？王大梅瘫坐在沙发上，心想，自己为了陈刚离婚，管着陈刚吃喝，还借了 15 万元给陈刚做生意，陈刚见自己没钱了，竟然要分手，真是个白眼狼。

王大梅痛斥陈刚没良心，骂陈刚是骗子。陈刚听后轻蔑地一笑，接着大声说："你都 50 岁了，却说自己 35 岁，你才是大骗子！"王大梅听后顿时哑口无言，她不知道陈刚是怎么知道自己真实年龄的，又是什么时候知道的，可这都不重要了。

王大梅苦苦哀求陈刚不要离开自己，说自己为了陈刚跟丈夫离了婚，现在连儿子都不认她了，如果陈刚再离开她，她就一无所有了。陈刚听后却淡淡地说，自己绝不会跟一个与自己母亲年龄差不多的女人结婚，两人早晚要分手，不如趁早，这样对双方都好。

王大梅见陈刚如此决绝，知道再多说也无益了，心想，既然人留不住了，那就把之前借给陈刚的 15 万元要回来吧。可陈刚说现在没钱，要等饭店赚了钱或转让出去后才有钱还王大梅。王大梅也知道陈刚没钱，便答应了。随后陈刚给王大梅写了张 15 万元的欠条，并搬出了王大梅的出租屋。之后陈刚就玩起了失踪，换了手机号，原来的微信也注销了。

王大梅找不到陈刚，急得如热锅上的蚂蚁，正想向法院起诉，不想却在自己工作的商场里碰上了陈刚，真是冤家路窄。王大梅立马冲上前，一把拉住陈刚，要他还钱。

接着便有了本案开头的一幕，王大梅拉着陈刚不放，要陈刚还钱；陈刚却以王大梅欺骗了他为由，拒绝还钱。随后两人展开了骂战，互不相让，最后两人都被带去了派出所。

王大梅骂陈刚忘恩负义，说自己为了陈刚付出了所有，离婚时分得的 20 万元，借给陈刚 15 万元，剩下的 5 万元也基本上都花在了陈刚身上，而陈刚最后见她没钱了，竟然跟她分手，还玩失踪，故意不还钱，真是伤透了她的心。

面对王大梅的指责，陈刚觉得自己也是受害者，他认为要不是王大梅虚报了年龄，他不可能跟王大梅聊天，也就不会喜欢上王大梅。至于王大梅因为他跟丈夫离婚，跟儿子断绝关系，他觉得自己很无辜，因为他当初根本不知道王大梅已经结婚。两人同居期间，陈刚也曾对王大梅的年龄起过疑心，总觉得王大梅卸妆后比别的女人显得苍老一些，可王大梅却说那是因为自己长期化妆导致的。陈刚知道化妆伤皮肤，便信以为真，可没想到，一天他在收拾东西时，意外发现了被王大梅故意藏起来的身份证，得知王大梅的真实年龄比自己足足大了20岁，和自己的母亲差不多，陈刚惊呆了，王大梅竟然一直在骗自己，欺骗自己的感情。

自此陈刚便讨厌起王大梅来，王大梅做什么他都看不惯。他本想直接分手，可当时饭店正需要钱，而王大梅正好有钱可以借给他，于是他便虚情假意继续跟王大梅在一起。后来王大梅没钱借给陈刚了，他便觉得两人没有继续在一起的必要了，便向王大梅提出了分手。分手后，陈刚本想还王大梅的钱，可饭馆生意实在不景气，而他又没有多余的钱继续投资饭馆，索性直接关门了。他血本无归，自然也就没钱还王大梅了，于是陈刚索性换了新手机号和微信账号，让王大梅找不到自己。

陈刚以王大梅欺骗了他的感情为由，拒绝还钱。民警沟通无效，建议王大梅走法律程序。

很快，王大梅将陈刚起诉至法院。陈刚对欠款的事实认可，但以感情被欺骗为由拒绝还钱，要算作精神损失费，而王大梅却主张欠债还钱，天经地义。那么法院到底会支持谁呢？

● 律师说法：民事证据自认 >>>

民事诉讼中对证据的自认，是指在诉讼过程中，一方当事人陈述对自己不利的事实，或者对自己不利的事实给予明确表示承认。简单地说，就是承认了一个对自己不利的事实。

关于民事证据自认，有明确的司法解释：

《最高人民法院关于适用〈中华人民共和国民事诉讼法〉的解释》第九十二条规定："一方当事人在法庭审理中，或者在起诉状、答辩状、代理词等书面材料中，对于己不利的事实明确表示承认的，另一方当事人无需举证证明。

对于涉及身份关系、国家利益、社会公共利益等应当由人民法院依职权调查的事实，不适用前款自认的规定。

自认的事实与查明的事实不符的，人民法院不予确认。"

本案中，王大梅与陈刚自认存在特殊的男女朋友关系，庭审中相互指责对方的种种不道德之处，但双方就是否存在借贷关系的陈述却是一致的。从欠条的内容来看，陈刚写的欠条确认"本人欠王大梅15万元"，在没有证据推翻自认欠款的前提下，陈刚仅以"获悉王大梅的实际年龄"为由，不能免除其归还15万元的义务，所以，陈刚的抗辩理由不能成立。

● 法条链接 >>>

《最高人民法院关于适用〈中华人民共和国民事诉讼法〉的解释》

第九十二条 一方当事人在法庭审理中，或者在起诉状、答辩状、代理词等书面材料中，对于己不利的事实明确表示承认的，另一方当事人无需举证证明。

对于涉及身份关系、国家利益、社会公共利益等应当由人民法院依职权调查的事实，不适用前款自认的规定。

自认的事实与查明的事实不符的，人民法院不予确认。

《最高人民法院关于民事诉讼证据的若干规定》

第三条 在诉讼过程中，一方当事人陈述的于己不利的事实，或者对于己不利的事实明确表示承认的，另一方当事人无需举证证明。

在证据交换、询问、调查过程中，或者在起诉状、答辩状、代理词等书面材料中，当事人明确承认于己不利的事实的，适用前款规定。

最后，法院判决：陈刚偿还王大梅欠款15万元。因为陈刚暂时没钱，两人经协商，陈刚每年还款5万元，分3年还清。

虽然王大梅打赢了官司，可是却高兴不起来。为了一段网恋，她人财两空，此时的她才深切地体会到，平平淡淡才是真，前夫虽然给不了她激情，却给了她生活的保障，让她衣食无忧。王大梅越发觉得还是前夫好，便找到前夫想要复婚。前夫皱着眉头不停地摇头，说王大梅以前身在福中不知福，自己每日辛苦赚钱，独立养活整个家，心里满是疲惫，哪有心情再跟她浪漫，可王大梅却不理解自己，不甘平淡的生活，到外面找刺激，好端端的一个家就这样被毁了。如今自己已经找到了更适合的女人，将要结婚了，跟王大梅不可能再复婚了。

王大梅绝望了，丈夫不愿复婚，陈刚借的钱又不知道能不能按时还，商场还因为她跟陈刚大闹了一场开除了她，没有了经济来源，她将来该怎么生活啊？她想投靠儿子，可儿子却嫌她丢人，连见都不愿见她。她觉得自己简直成了亲戚朋友的笑柄。王大梅越想越觉得活着没意思，于是跳河自杀了，幸好被路人及时救起，送去医院抢救，才保住了一条命。

儿子得知母亲自杀的消息非常懊悔，第一时间赶往医院照顾母亲。出院后，儿子将王大梅接回了自己家，尽管暂时有了安身之地，但王大梅觉得这毕竟不是自己的家。此时的她多么希望拥有一个属于自己的家，然而，世上没有后悔药。

● 案件感言：婚姻生活与婚外激情 >>>

婚姻不可能总是激情万丈，总会有归于平淡的时候，这时候不是夫妻双方的爱没有了，只是有些人疏于表达对彼此的爱和关怀。就如本案中王大梅的前夫，一直独自养活了整个家，这难道不是爱的表现吗？

另外，谈感情需要真诚相待，以欺骗他人开始的感情终难有好结果。本案中的王大梅就是一例，隐瞒年龄，隐瞒婚史，结果男友发现后狠心分手，还以被欺骗为由拒绝还钱，王大梅差点人财两空。

追 时 尚 引 来 新 潮 债

◈ 摘　要：卫冬阳因"沙发客"结识了一名女子，女子主动上门与他约会，之后他就发现有人冒用他的身份申请了贷款，他不禁怀疑是女子所为……

◈ 关键词：偷转他人手机账户钱款是否犯罪　盗窃罪

　　2018年农历正月初十，55岁的张梅从娘家回到家，刚打开门就听见客厅传来丈夫的声音："亲爱的，要不要吃个苹果？"张梅很纳闷，自己还没进门，丈夫怎么知道是自己回来了。而就在张梅发愣之时，客厅里又传来一女子娇滴滴的声音："我要你喂我吃。"张梅瞬间明白了是怎么回事，快步走进客厅，只见丈夫拿着削好的苹果正在喂一名女子，两人并排坐在沙发上，关系很是亲密。

　　张梅顿时崩溃，将手中的东西朝两人扔去，还上前要打那女子。丈夫赶忙抱住妻子，让女子赶紧走，随后女子便跑进卧室收拾东西。张梅被丈夫抱得死死的，只得不断用脚猛踹丈夫的脚，用手狠抓丈夫的手，丈夫痛得哇哇大叫起来，可即便如此还是不放手，直至女子拿着东西离开了，丈夫才放开了张梅，并向张梅解释说刚才两人只是开玩笑。

　　张梅听后一阵冷笑，她根本不信丈夫的鬼话，转头就进了卧室搜查起来，结果在抽屉里翻出了半盒避孕套。张梅一看就知道是丈夫新买的，因为张梅岁数大了，已经没有生育能力了，夫妻俩根本用不着避孕套。见张梅搜出来实证，丈夫只好老实交代，两人确实有不正当关系，而一切都缘于时下刚刚流行起来的"沙发客"。

　　"沙发客"是一种旅行方式，旅行者叫沙友，沙友在旅游时可以免

追时尚引来新潮债

费睡人家的沙发，或提供自家沙发给沙友借宿，有的主人还会大方地给沙友分享居家空间、招待丰盛美食、贴心导游服务。那么张梅丈夫的出轨跟"沙发客"有什么关系？要想了解事情的始末，还得先从张梅夫妇的婚姻讲起。

张梅和丈夫卫冬阳结婚快 30 年了，卫冬阳早年在城里开了家品牌服装店，家里经济条件不错，张梅一直安心当全职家庭主妇。两人只有一个女儿，平时夫妻俩的话题基本都围着女儿转，日子过得倒是有滋有味。前年女儿出嫁了，夫妻俩竟一下子找不到话题了，卫冬阳顿感生活变得乏味起来。为了寻找生活乐趣，卫冬阳将服装店交给店员打理，自己则加入了一个"驴友"俱乐部，闲来无事就约驴友们一起外出旅游。

一次旅行途中，卫冬阳从一名驴友那听说了"沙发客"的旅行生活，乍听之下，他觉得这种旅游方式倒是既新潮又省钱，可住到陌生人家里，这样安全吗？驴友解释说，所有的"沙发客"和提供沙发的人都要实名登记，双方的信息在网上公开透明，因此"沙发客"不但安全，还能有更好的旅游体验，因为直接住到当地人家里，可以更好地了解当地的旅游文化。卫冬阳被说动心了，当天就在相关网站注册了会员，加入了"沙友群"。

第一次当"沙发客"，卫冬阳住进了一对老年夫妇家，对方男主人待他如兄弟，吃得好住得好玩得好，卫冬阳非常满意。后来经过再三体验，卫冬阳逐渐爱上了"沙发客"这种时尚旅游。每到一地，沙友们都会给他准备舒服的卧室，虽然名为"沙发客"，他竟一次沙发也没睡过。另外，他再不用费心打听当地哪里好玩、什么好吃了，沙友们都会主动告诉他，有的还为他当免费导游。

此后卫冬阳经常在沙友群里炫耀他的"沙发客"成功体验，渐渐地他成了群里的"红人"，还有群友主动邀请他到自己家做客，这其中就有位名叫吴珊的女子。

吴珊 45 岁，是个全职家庭主妇，丈夫是某建筑公司的项目经理，常年驻外，儿子在外地读大学，也很少回家。或许是因为寂寞，吴珊也加入了沙友群。吴珊很热情，常在群里邀请沙友到自己家做客。因为吴珊住在江南某城市，是卫冬阳很向往的地方，而卫冬阳又恰好有空，所以便联系到吴珊，旅行很快成行。

坐在火车上，卫冬阳想到又要有一次美妙的"沙发客"旅行经历，就非常兴奋，可让他扫兴的是，刚下火车他就发现装有身份证和银行卡的钱包不见了。卫冬阳顿时没了旅行的兴致，这时吴珊正好赶到，得知情况后二话没说就拉着卫冬阳到当地派出所挂失了身份证，并补办了临时身份证，然后又到相关银行冻结了银行卡，前前后后折腾了一两天。其间吴珊没表现出任何不耐烦，还一再安慰卫冬阳不要着急。卫冬阳非常欣赏吴珊的善解人意。

接下来的几天，卫冬阳在吴珊的引领下游览了当地的几处风景名胜，还品尝了当地的很多特色小吃。卫冬阳觉得此次"沙发客"旅行收获颇丰，而最重要的是结识了吴珊。住在吴珊家的日子，吴珊对卫冬阳的生活起居照顾得无微不至，让卫冬阳有宾至如归的感觉。另外，两人很有共同语言，尤其是在旅游这件事上。两人都酷爱旅游，很多地方两人都去过，话题一打开就没完没了。因为欣赏吴珊的为人，又加上相聊甚欢，不知不觉中卫冬阳竟对吴珊产生了特别的好感。起初卫冬阳眼中的吴珊，长相普通，没什么魅力，可到后来吴珊的一颦一笑都让卫冬阳着迷。卫冬阳越发迷恋吴珊，以至于迟迟不想离开，直至妻子说家中有事，一再催促，卫冬阳才依依不舍地离开了吴珊家。

此后卫冬阳就对吴珊一直念念不忘，还多次邀请吴珊来自己家做"沙发客"，可均被吴珊以没时间为由婉言谢绝了。卫冬阳逐渐心灰意冷，而就在这时，吴珊竟主动上门了。

正月初八这天，卫冬阳陪妻子去岳母家探亲，中午突然接到吴珊的电话，说自己已经订好了去卫冬阳所在城市的火车票，当晚就能到，让卫冬阳去车站接自己。卫冬阳喜出望外，刚想跟妻子说明情况，却忽然想到，妻子要是不在家，他跟吴珊交流起来岂不是更自在？于是，卫冬阳向妻子撒了谎，说服装店春节前订购的一批服装质量出了问题，有顾客上门投诉，他要回去亲自处理，临走还一再劝说妻子在娘家多住几日，名为让妻子多陪陪岳母，实为想多跟吴珊单独相处几日。

为给吴珊留个好印象，从不做家务的卫冬阳回家就开始大扫除，还给吴珊单独收拾好了房间。然后卫冬阳精心装扮了一下才出门，又在路上买了一大束玫瑰花，准备送给吴珊。在火车站出口，看到吴珊远远向自己走来，卫冬阳的心怦怦直跳，他跟妻子已经老夫老妻了，早就没了激情，也忘了心动的感觉，没想到今天吴珊又让他的心活了过来。看着吴珊收到玫瑰花后不断向自己微笑，卫冬阳的心都化了。

卫冬阳告诉吴珊，妻子回了娘家，要过几天回来，而他不擅长做饭，这几天两人只能在外面饭店吃饭了。吴珊表示不介意，随后两人在饭店简单吃了饭菜，便回了卫冬阳的家。卫冬阳想给吴珊倒杯水，不料吴珊竟看上了书架上放着的两瓶红酒，还建议两人一人一瓶。卫冬阳二话没说就拿出酒杯，两人边喝边聊了起来。

不一会儿吴珊就喝醉了，坐得离卫冬阳越来越近，还趴在卫冬阳耳边说了句："我喜欢你。"卫冬阳一听浑身热血沸腾，见吴珊满含深情地看着自己，卫冬阳再也控制不住自己，一把将吴珊抱在怀里。随后你情我愿的两人当晚就住在了一起。接下来的两天，两人如胶似漆，有说不完的情话。因为天气寒冷，除了外出吃饭，两人基本都窝在家里看电视。

卫冬阳虽然迷恋吴珊的温柔多情，可也没忘记留在岳母家的妻子，不断劝妻子多住几日，好好陪陪岳母，等过几天他再去接妻子回家。妻子对此表示同意，卫冬阳便认为只要自己不去接妻子，妻子就不会回家，而他和吴珊的事妻子就不会知道。可让卫冬阳大感意外的是，正当他跟吴珊在客厅亲密地坐在一起时，妻子竟突然出现在家中。卫冬阳慌了，一见妻子要打吴珊，赶忙抱住妻子，让吴珊趁机逃走了。卫冬阳起初还不想承认出轨，直到妻子翻出了避孕套，才不得已对妻子交代了跟吴珊认识的经过。卫冬阳一再声称，是吴珊勾引他，跟吴珊发生关系也是喝醉酒后一时糊涂，不是真心的，希望妻子能原谅自己这一次。

听完卫冬阳的交代，妻子伤心地哭了起来，她是因为担心卫冬阳不会做饭，乱吃东西吃坏肚子，才搭乘别人的顺风车提早赶回家的，没想到自己的一片真心竟换来了卫冬阳的出轨。自此妻子再没给过卫冬阳好脸色，也不再允许卫冬阳外出旅游了。卫冬阳在家憋得难受，越发思念吴珊。可让他想不明白的是，自从吴珊离开自己家以后，就像失踪了一样，打电话不接，发信息不回。

卫冬阳一直以为是吴珊因为走时太狼狈，自己也没送她，好像在跟自己生气似的。直到一个多月后，卫冬阳接到一家网贷公司的催款电话，他才意识到吴珊的失踪不寻常。

这天，卫冬阳突然接到一个电话，对方自称是某网贷公司的，说卫冬阳于2018年2月的一天在该公司网络平台申请了10万元贷款，如今已到期，让卫冬阳及时还款。卫冬阳简直不敢相信自己的耳朵，他手头资金一直很宽裕，从没贷过款，更何况是网络贷款，他连怎么申请都不会。卫冬阳认为一定是有人冒用自己的名义贷了款，可这人会是谁呢？

经向对方打听，卫冬阳了解到，贷款时需要扫描贷款人身份证，还要手机短信验证，联想到自己的身份证和手机从不离身，他认为这个冒用自己身份贷款的人一定是身边最亲近的人，这个人除了妻子还会是谁呢？可家里的钱都由妻子保管，她没必要网贷啊。那么这个人究竟会是谁呢？这时卫冬阳脑海里闪过吴珊。

卫冬阳之所以会突然想到吴珊，是因为申请网贷的日子正好是吴珊跟他在一起的日子，他清楚地记得吴珊在这期间曾用过他的手机。想到这里，卫冬阳觉得吴珊实在可恶，对吴珊的好感一扫而光，还一气之下报了警。

随后民警在网贷公司和相关银行的配合下了解到，以卫冬阳名义申请的10万元网贷刚到账就被转了出去，而收款人正是吴珊。民警随即赶赴外地将吴珊抓获，吴珊一开始拒不承认，民警便将卫冬阳支付账户的转账记录递到吴珊面前，上面清楚显示网贷的10万元转入吴珊账户。在证据面前，吴珊只好交代了实情。

　　按理说，吴珊丈夫收入颇丰，吴珊家并不缺钱，那么她为何要骗别人的钱？事情还得从春节前说起。吴珊丈夫眼见儿子即将大学毕业，毕业后要回当地工作，为儿子将来结婚打算，他跟吴珊商量要在当地给儿子买套房，吴珊欣然同意。于是，丈夫给了吴珊 30 万元，用于春节后买房交首付款。可不承想刚过春节没多久，用来买房的 30 万元就所剩无几了。那么钱去哪里了呢？

　　原来吴珊除了爱好"沙发客"旅游，还爱好打麻将。春节期间，人们都很闲，聚在一起没事就喝喝酒或打打麻将什么的。吴珊丈夫爱和朋友一起喝酒，吴珊则爱打麻将，几乎天天坐在麻将桌前，一打就是一整天。平时她跟牌友玩得都比较小，可春节就不一样了，为了寻找刺激，他们玩得非常大，有时一局的输赢就成千上万元。起初吴珊赢了不少钱，后来就慢慢地输了。吴珊本想早点收手，可又不甘心，于是不断加大投注，企图回本，不料越输越多，过了春节一算账，她竟输掉了 20 多万元，差不多把给儿子买房的首付款都给输掉了。这下她拿什么给儿子买房啊？

　　吴珊着急了，怎么跟丈夫解释？丈夫本就反对自己打麻将，要是知道自己输了那么多钱，暴脾气的丈夫一怒之下还不得把自己打死。那先不给儿子买房？这也不行，如果不买房，将来儿子回当地工作后谈恋爱都没资本。到底该怎么办呢？向别人借钱？可借了也要还，她一个家庭主妇，又没收入，将来拿什么还啊？吴珊忽然异想天开，心想，要是能以别人的名义借钱，让别人替自己还钱就好了。

　　此前吴珊接触过网贷，知道只要身份证和手机就可以，申请后钱立马到账，问题是她怎么能拿到别人的身份证和手机，又不被人察觉呢？这时吴珊想到了卫冬阳，一个有钱又对自己有几分好感的男人。假如自己去卫冬阳家做"沙发客"，假装跟他搞婚外情，然后找准时机用他的身份申请网贷，之后即便被他发现，恐怕他也不敢声张。打定主意后，吴珊就开始寻找机会。

　　正月初八，丈夫负责的建筑工地开工，作为项目经理的他急匆匆地赶回外地的工地,儿子也提前回了学校,吴珊抓住时机给卫冬阳打去电话,借口说要去旅游。卫冬阳显得很惊喜,还亲自去车站将吴珊接到了自己家。见卫冬阳对自己殷勤备至,加之卫冬阳的妻子不在家,吴珊心花怒放,趁机假意说喜欢卫冬阳。卫冬阳信以为真,乱了分寸,和吴珊发生了关系。此后两人外出吃饭时,卫冬阳常用某支付软件付款,每当这时,吴珊就靠近卫冬阳仔细观察,记住了卫冬阳手机的开机密码和支付密码。

一天晚上,吴珊趁卫冬阳熟睡之时,掏出了卫冬阳的身份证和手机,然后就开始在网上操作网络贷款。她早就选定了一家网贷公司,网贷流程早已熟记于心,网贷 10 万元很快就申请下来,钱存入卫冬阳的某支付账户。吴珊见钱已到账,立即输入卫冬阳的支付密码,将钱转到了自己的一张银行卡中。一切办妥,吴珊立马删除了卫冬阳手机中有关网贷和转账的所有记录。而就在这时,卫冬阳醒了,见吴珊正拿着自己的手机,很纳闷。吴珊赶忙解释说,自己的手机刚刚死机了,借用一下卫冬阳的手机浏览一下新闻。卫冬阳没起疑心,继续睡去。

第二天中午,卫冬阳的妻子突然回家,吴珊只得狼狈地逃离了卫冬阳家,不过因为此行的目的已达到,吴珊心里还是很高兴的。吴珊认为她已经清除了卫冬阳手机里的贷款记录,并转走了钱,卫冬阳一时半会儿是不会察觉此事的。不过她还是战战兢兢地过了几日,可很快她就发现自己的担心多余,因为卫冬阳发给她的信息,除了说想念她就没有别的话。后来吴珊就跟卫冬阳玩起了失踪,她之所以这么做,是想让卫冬阳渐渐忘了两人曾经在一起的事,尤其是两人在一起的时间,因为不想网贷事情暴露后卫冬阳怀疑到自己身上。可惜事与愿违,卫冬阳不但猜到了是吴珊所为,还报了警。而当民警找到吴珊时,吴珊还以为事情都过了快两个月了,应该没事了,正在寻找第二个"沙发客"作为目标呢。

真相大白时,卫冬阳后悔不迭,他本是为了体验旅游快乐才尝试"沙发客"的,没想到竟中了"美人计",自己被莫名其妙骗贷,还背负了 10 万元债务。妻子张梅也没想到丈夫出轨竟是被人算计好的。

因为案件事实清楚、证据确凿，检察院很快就以吴珊涉嫌盗窃罪向法院提起了公诉。

法庭上，吴珊承认了使用卫冬阳手机申请贷款，以及将钱转到自己名下的事实，但她认为钱是贷款公司的，是她以卫冬阳的名义申请的，要不是她申请，卫冬阳的手机账户就不会有这笔贷款，她实际上是与贷款公司成立了借贷关系。因为钱本身不是卫冬阳的，所以她的行为并不构成盗窃罪。那么，吴珊的辩解成立吗？

● 律师说法：偷转他人手机账户钱款是否犯罪 >>>

随着网络和手机的普及，网上交易、支付宝、微信红包等网络产物都成了我们生活中不可或缺的部分，而手机恰恰成了这些网络服务范围最广的终端。而在手机主人不知情的情况下，将其支付宝或微信红包等账户的钱款转走，属于盗窃行为，达到刑事立案标准的，则构成盗窃罪。

本案中，吴珊以卫冬阳的名义向网贷公司申请贷款，申请之前，钱是网贷公司的；申请之后，钱就是卫冬阳的。吴珊将钱转走，应属盗窃行为。虽然从始至终卫冬阳并不知晓此事，但并不妨碍他对这笔以自己名义申请的网贷拥有所有权。案件审理过程中，吴珊家人为减轻吴珊刑罚，已如数将网贷欠款还清了。

● 法条链接 >>>

《中华人民共和国刑法》

第二百六十四条 【盗窃罪】盗窃公私财物，数额较大的，或者多次盗窃、入户盗窃、携带凶器盗窃、扒窃的，处三年以下有期徒刑、拘役或者管制，并处或者单处罚金；数额巨大或者有其他严重情节的，处三年以上十年以下有期徒刑，并处罚金；数额特别巨大或者有其他特别严重情节的，处十年以上有期徒刑或者无期徒刑，并处罚金或没收财产。

《最高人民法院、最高人民检察院关于办理盗窃刑事案件适用法律若干问题的解释》

第七条 盗窃公私财物数额较大，行为人认罪、悔罪，退赃、退赔，且具有下列情形之一，情节轻微的，可以不起诉或者免予刑事处罚；必要时，由有关部门予以行政处罚：

（一）具有法定从宽处罚情节的；

（二）没有参与分赃或者获赃较少且不是主犯的；

（三）被害人谅解的；

（四）其他情节轻微、危害不大的。

法院审理后认为，被告人吴珊以非法占有为目的，秘密窃取他人财物，数额巨大，其行为已构成盗窃罪。鉴于其归案后如实供述罪行，并已退赔全部赃款，可以依法从轻处罚，最终判处有期徒刑3年，并处罚金2万元。

追回贷款后，卫冬阳感到非常羞愧和后悔，没想到一时糊涂竟掉进了温柔陷阱，从此他对"沙发客"旅行的热情也没有了。为缓和夫妻关系，卫冬阳苦苦哀求妻子张梅的宽恕。张梅一直深爱着丈夫，见卫冬阳确有悔改之意，便尝试着慢慢去原谅丈夫。但夫妻关系能否回到从前，还是未知数。

最惨的是吴珊，不但面临牢狱之灾，丈夫知道她跟卫冬阳一事后还向她提出了离婚，连儿子也因为觉得母亲丢脸，表示毕业后不会回家乡工作。吴珊后悔莫及，整日以泪洗面，自己不该沉迷打麻将，更不该输了钱后通过违法犯罪的手段来弥补损失。

● **案件感言：情感生活与情感陷阱 >>>**

"沙发客"作为一种新潮的旅游方式，吸引了很多人的参与，可人们在享受它带来的时尚和便捷之时，也应该注意人身和财产的安全，以免上当受骗。

"准儿媳"上门

◈ 摘　要：一名女子在家中被水果刀捅伤，凶手是其前夫。据前夫交代，他之所以伤害前妻，跟即将上门的"准儿媳"有关……

◈ 关键词：刑事谅解书　故意伤害罪

2017年腊月二十五这天晚上，某市的一家医院忽然接到一个求助电话："医生，我老婆受伤了，你们快来救她！"打电话的人非常着急，医院问明地址后立即派救护车前往。一名50多岁满身酒气的男子早就在楼下焦急地等着了，说电话是他打的，受伤的是他妻子，随后他带医生上了楼。受伤女子也50多岁，腹部被捅了数刀，已陷入昏迷。医生赶忙将其送到医院，因抢救及时，女子很快转危为安。

在抢救女子期间，医生曾多次询问男子，女子是怎么受伤的，可男子却怎么也不肯说，医生觉得事有蹊跷，便报了警。随后民警赶到，对男子进行了询问。男子一见民警到来，立马慌了，这才开了口，说女子是他用水果刀捅伤的，原因是女子不肯跟他复婚。

复婚？这么说两人现在已经不是夫妻了，不是夫妻怎么还住在一起？另外，两人都老夫老妻了为什么离婚？又是什么时候离的婚？其实，两人刚离婚一个月，一提起这事，男子就后悔得直挠头。

男子名叫刘权，女子名叫张梅，30年前两人经媒人介绍相识，不久就结了婚。刘权生性懒惰，又脾气暴躁，还爱好吸烟、喝酒、打麻将。妻子既勤快又喜欢清静整洁，对刘权很是看不惯。起初两人因为家庭琐事三天两头吵架，直到有了儿子，争吵才少了些，用妻子的话说，她是为了儿子才忍耐刘权的，因为经常吵架对儿子的成长和学业影响不好。后来儿子大学毕业，到了外地工作，夫妻俩就又开始经常吵架了，有时是因为刘权在外喝酒打麻将晚归，有时是因为刘权太不讲卫生，乱丢垃圾，还天天抽烟把家里弄得乌烟瘴气的。刘权脾气暴躁，受不了妻子的唠叨，有时就会动手打妻子，每当这时妻子就会冲刘权大喊："咱们离婚吧！"

刘权听后从没当回事，毕竟周围还没有50多岁的人离婚呢，他们要是真离婚了，那多丢人啊！因此虽然妻子经常将"离婚"两个字挂嘴上，可刘权却压根没想过要离婚，自然不会同意。那么后来两人到底是怎么离婚的呢？

一天下午，刘权醉醺醺地回到家，进门就一个趔趄趴倒在地上。原来妻子刚拖完地，地上太滑，而刘权走路又不稳当，这才摔倒了。刘权正浑身痛，却听见妻子在一旁笑个不停，认为妻子是故意整自己，便开口大骂妻子，还一把将妻子摁倒在地打了起来。妻子恼怒了，大喊："这日子没法过了，我们离婚吧！"刘权醉酒糊涂了，随即说了句："离就离，不离不是人。"妻子见刘权同意了，随即提出家里有两套差不多面积的房子，现在住的这套归刘权，另一套归自己，存款一人一半。刘权觉得很公平，当即表示同意。

就这样，两人达成了口头协议，妻子随即就翻出了两人的结婚证、户口本等证件，拉着刘权就往门外走。刘权见妻子认真起来，有些后悔了，可刚说完"不离不是人"，总不能立马反悔吧，于是硬着头皮跟妻子张梅到民政局办理了离婚手续。回家后张梅就开始收拾东西要搬到另一套房子去，刘权见状，气呼呼地说："赶紧走，永远别再回来了，我还不信了，离开你我过不下去。"

第二天早上，刘权的酒彻底醒了，见张梅正准备带着打包好的东西离开家，他开始后悔不迭，今后谁给他做饭吃，谁给他洗衣服啊？这还是小事，儿子还没结婚呢，老两口就先离婚了，这要是传出去多丢人，将来要是影响儿子找媳妇怎么办？想到此事，刘权赶紧拉住前妻张梅，央求她跟自己复婚。张梅一阵冷笑，说自己好不容易熬到了跟刘权离婚，绝不会再复婚。刘权见张梅铁了心要走，只得请求张梅为了儿子将来的婚事着想，先不要将两人离婚的事张扬出去。张梅认为刘权的担心有道理，便答应了，对外只说老两口总吵架，搬出去清静清静。

前妻张梅走后，刘权的生活过得一团糟。因为懒得做饭，天天跑出去吃，生活费陡增，而自从张梅走后，刘权几乎没打扫过家里的卫生，到处是乱丢的垃圾，脏衣服都快堆成山了。这些他都还能将就，最让刘权怀念张梅的是，他喝醉回家，没人给他脱衣服倒水了。上周他得了感冒，一连在床上躺了 3 天，身边连个嘘寒问暖的人都没有，饿了只能叫外卖，渴了连杯热水都没人给倒。

刘权从未觉得前妻张梅对自己这般重要过，越寻思越后悔离婚，可心高气傲的他却不肯低头，自张梅走后连个电话都没主动给她打过。恰在这时，儿子打电话说春节要带女友回家认门，这下刘权纠结了。刘权想，如果儿子带女友回到家，见不到前妻张梅，岂不就捅破了两人离婚的事？万一儿子的女友介意，那儿子的婚事岂不就失败了？不行，为了儿子的婚事，说什么也得给张梅打个电话，让她回家跟自己一道应付这个"准儿媳"。随后刘权打电话给前妻张梅，将此事告诉了她。联想到张梅离开家时的坚决，刘权本以为张梅会犹豫或拒绝，没想到张梅竟爽快答应了，而且第二天就搬回了家，不过这次张梅住到了客房。

回家后张梅就开始打扫卫生，很快家里就被张梅打扫得干净整洁。如今刘权又能按时吃到可口饭菜了，衣服也有人洗了，更加觉得此前是身在福中不知福，这让刘权又萌生了跟张梅复婚的想法。为了使张梅对自己有好感，刘权一改往常，比以前勤快多了，对张梅说话也不粗声大气了，还总没话找话跟张梅聊天。

这天两人刚吃罢早饭，刘权就想着跟张梅提复婚的事。见张梅忙完要坐沙发上休息，他赶忙给张梅倒了杯茶水递过去，然后嬉皮笑脸地说："要不咱们今天复婚去？"张梅顿时一愣，然后淡淡地说："以前的日子我过够了，不想复婚。"刘权不放弃，又赶忙给张梅赔不是，说以前打骂张梅不对，今后一定痛改前非，让张梅再给他一次机会。刘权想自己都这么低声下气了，张梅总该会同意复婚了吧，不想张梅还是没松口，还借口外出买菜出门了。

再次提议复婚被拒，刘权有些懊恼。他想不通，两人结婚 30 年，难道张梅对自己就没有感情，对这个家就没有留恋吗？还是张梅另有原因不愿跟自己复婚？

自此刘权开始注意观察起前妻张梅来，他发现张梅自从搬回家后一直容光焕发，不像以前整日愁眉苦脸，而且张梅还爱穿衣打扮了，以前张梅特别节俭，一件衣服能穿上 10 多年，现在张梅身上的穿戴都是新的。另外张梅还有了一个新爱好，跳广场舞，这让刘权有些想不通，以前看到别人跳广场舞，张梅总说人家瞎蹦跶，一脸不屑，如今她自己怎么也跳起来了？

这天晚上刘权回家没看见张梅，一打电话才知，张梅在附近广场跳广场舞。刘权忽然很想看看张梅跳舞的样子，于是便溜达到了广场。让他意外的是，张梅正在跳的不是广场舞，而是交谊舞，10 多对老头老太太相互搂着正跳得高兴，张梅跟一个瘦高个的老头正有说有笑地跳着，两人贴得很近。细看张梅，脸颊绯红，满眼含笑，一下子年轻了不少。刘权心里顿时涌起一股醋意，恼怒地上前分开了张梅和瘦高个老头，还要拉着张梅回家。张梅猛地甩开刘权的手，生气地说：“我跳个舞怎么了？你管得着吗？”一句话把刘权噎住了，也是，两人现在已经离婚了，别说跳舞了，就是张梅再跟别人结婚他也管不着。

随后刘权气鼓鼓地回了家，回家就拿起一瓶白酒猛喝起来，一边喝一边想，莫非张梅最近的变化都是因为喜欢上了跳交谊舞？如果单纯只是这样，也没什么大不了的，可这个理由不至于会让张梅不想跟自己复婚啊，是不是还有别的原因？跟张梅跳舞的瘦高个老头是谁？刘权脑子里满是问号，不一会儿他就喝醉了，迷迷糊糊地靠在沙发上睡着了。

后来刘权发觉张梅回来了，给他脱了鞋，让他平躺在沙发上，还给他盖了被子。刘权一阵感动，更觉得还是有张梅在身边好，于是一把抓住她的手，再次请求张梅跟自己复婚。张梅边抽手边劝刘权说，复婚的事等儿子和"准儿媳"走后再说。刘权不同意，他知道等儿子他们走后，张梅也就要走了，到时想再跟张梅谈复婚就不方便了。刘权死死抓住张梅的手不放，张梅有些急了，大喊道："我有喜欢的人了。"刘权一愣，顿时松开了手，愣愣地看着张梅，不敢相信自己的耳朵，刚离婚一个月，张梅就有了心上人，是以前就有，还是现在才有？那人又是谁？这时刘权想起了跟张梅跳舞的那个瘦高个老头，质问张梅是不是他。张梅点头说是，还说两人好了一个月了。

刘权倒吸了一口凉气，没想到张梅竟是个这么容易变心的女人，回想起前几日他百般向张梅献媚，期望能让张梅回心转意跟自己复婚，可张梅却一直无动于衷，刘权顿时胸中充满怒火，觉得受到了愚弄。若是平时，刘权或许只会打骂张梅一顿，可现在他喝醉了，又加上怒气冲天，结果竟拿起茶几上一把水果刀朝张梅的肚子上捅去，还一连捅了好几刀，直到发现张梅的衣服都被鲜血染红了，才害怕地住了手。此时刘权的酒醒了，为保住张梅的命，他赶忙拨打了急救电话，接着便发生了本案开头的一幕。刘权到楼下将医生带至家里，随后医生紧急将受伤的张梅送至医院，好在抢救及时，没闹出人命。刘权很庆幸张梅保住了性命，长舒了一口气。可没想到医院的医生竟因为他不肯说张梅是怎么受伤的，就报了警。

问题来了，最初医生询问刘权，张梅是怎么受伤的，刘权为何不立马承认？他打的是什么主意？

原来，刘权非常害怕张梅会性命不保，想着如果告诉医生张梅是被他捅伤的，万一张梅死了，他岂不就成了杀人犯？他不想坐牢，于是打定主意，等张梅的抢救结果出来再回答医生的问题，如果张梅死了就说妻子想不开要自杀，自己捅自己；如果张梅没死，他再承认是自己捅的。

很快张梅醒了过来，她一看见刘权在病床前坐着，就情绪激动地要赶刘权走，还说这辈子再不想见到刘权了。民警为平复张梅的心情，将刘权带出了病房，随后民警跟张梅聊了起来。张梅边哭边向民警讲述了她跟刘权的过往。

张梅起初并没看上举止粗鲁的刘权，可父母却因为刘权家庭条件好答应了两人的婚事，张梅不想让父母伤心，便不情愿地嫁给了刘权。婚后两人因为脾气性格迥异，没少吵架，张梅希望丈夫改掉身上懒惰打麻将等一大堆坏毛病，可丈夫却一个也不肯改。失望的张梅多次闹着要离婚，怎奈双方老人拼命劝和，再加上当时离婚并不多见，传出去会很丢人，张梅只好一忍再忍。

有了儿子后，张梅因为担心糟糕的家庭环境会给儿子的心理造成伤害，进而影响学习成绩，这些年一直很克制，不愿再跟丈夫吵架了。可让她想不到的是，丈夫却认为这是张梅拿他没辙了，继续我行我素，根本不想着为儿子做个好榜样。而自从结婚，张梅一个人既要干家务、带孩子，还要顾着工作，整日忙得团团转，可丈夫却一直心安理得地当甩手掌柜，从不帮忙干家务带孩子，这还不算，心情不好时还要对自己和孩子发脾气。张梅为此整天唉声叹气。

儿子大学毕业后，张梅总算再不用忍着惯着丈夫了，自此两人就又吵架不断。后来张梅吵累了，就想到了离婚，现在双方父母都不在了，离婚再没人拦着了，而且也不再是丢人的事了。于是只要两人一吵架，张梅就提出离婚，而丈夫每次都拒绝，直到那天丈夫喝醉了，竟糊里糊涂地答应了。张梅喜出望外，不想失去时机，逼着丈夫当天就跟自己办了离婚手续。

离婚后，刘权后悔了，可张梅却很开心，她感到了从未有过的轻松，就像获得了新生。张梅再不用看见刘权就心烦了，也再不用起早贪黑为别人当牛做马了，她现在可以将全部的时间和心思都用到自己身上。为充实离婚后的生活，张梅想找点儿兴趣爱好。这天晚上，她路过广场，正好瞅见一群人在跳交谊舞。张梅的性格喜欢安静，不太喜欢闹腾的广场舞，但交谊舞不一样，既可以愉悦心情，还可以锻炼身体。就这样张梅爱上了交谊舞，只要天不下雨，几乎每天晚上她都去跳交谊舞。而自从跳上交谊舞，张梅整个人的形象也改变了，常常化妆，还买了不少时髦的新衣服。自此张梅的心情一天好似一天，而为了让今后的生活更加丰富多彩，张梅还计划着等明年退休后就去老年大学报名，多学些才艺，也多交几个老年朋友。

张梅整日过得悠闲自在，根本没时间想离婚后前夫刘权过得怎么样，也不想去想。可一个月后，刘权却突然打电话告诉她说"准儿媳"要上门了，要她搬回家去住段时间。张梅一听喜出望外，现在儿子的婚事是她唯一的心事，虽然她不想再跟前夫刘权住在一起，可为了儿子她必须忍。再次见到前夫刘权，张梅觉得他不像以前那么讨厌了，不只是因为前夫在她面前表现得好，更因为她是抱着"做客"的心态搬回来住的，所以心态上轻松了许多。

张梅本想做几天客就走，不想前夫刘权却想要跟自己复婚。对此，张梅心里觉得好笑，她认为之前两人的婚姻就是一所让她痛不欲生的监狱，如今她好不容易出狱了，怎么可能再回去！即便刘权连番表态要痛改前非，可张梅根本不信，因为类似的话刘权说过很多次，没有一次兑现。因此张梅拒绝了刘权的复婚要求，最后见刘权还不死心，就编借口说心里有了喜欢的人。刘权猜测是当晚跟张梅跳舞的瘦高个老头，张梅不想解释，就顺势承认了，其实那瘦高个老头是张梅当晚刚认识的。张梅万万没想到，刘权听后一怒之下竟用水果刀捅了她几刀。经鉴定，张梅伤情为轻伤一级。

刘权是在张梅转危为安后，才打电话将实情告知了儿子，随后儿子第一时间赶回了家，还带来了女友。儿子为父母之间发生了这样的事感到很痛心，但却对母亲离婚的选择表示支持。儿子对母亲张梅说，他非常理解母亲这么多年的不容易，劝母亲不要再因为自己做傻事，母亲晚年的幸福比自己的面子重要。儿子的女友也很通情达理，对张梅说，本来婚姻就不该将就，她不觉得丢人，还在病床前伺候了张梅几日。事后刘权主动向张梅赔礼道歉，还将原来离婚时分得的一半钱全数赔偿给了张梅。最终在儿子的劝说下，张梅原谅了刘权，并出具了谅解书。

因案件事实清楚，很快检察院就以刘权涉嫌故意伤害罪向法院提起了公诉。

法庭上，刘权说自己跟张梅曾是夫妻关系，该案件是由家庭纠纷引发，前妻张梅已出具了谅解书，法庭对他应该从轻处罚。那么刘权依据谅解书，法院就必须从轻处罚他吗？

● 律师说法：刑事谅解书 >>>

刑事谅解书，一般指刑事案件的受害人与嫌疑人或其家属之间，就刑事案件的结果达成和解，而由被害人一方所出具的法律性质的书面文件。

谅解书简单地说，就是当事人或受害人从情感上给予了原谅，也表示出当事人或受害者不再追究了的态度。谅解书的作用主要是对量刑可能适当的减、免除处罚，但最后具体对犯罪嫌疑人是否进行减、免除处罚，还需要综合考虑犯罪性质、赔偿数额、赔偿能力以及认罪、悔罪程度等情况，最终由法院判定。

● 法条链接 >>>

《中华人民共和国刑事诉讼法》

第二百八十九条 双方当事人和解的，公安机关、人民检察院、人民法院应当听取当事人和其他有关人员的意见，对和解的自愿性、合法性进行审查，并主持制作和解协议书。

第二百九十条 对于达成和解协议的案件，公安机关可以向人民检察院提出从宽处理的建议。人民检察院可以向人民法院提出从宽处罚的建议；对于犯罪情节轻微，不需要判处刑罚的，可以作出不起诉的决定。人民法院可以依法对被告人从宽处罚。

《中华人民共和国刑法》

第二百三十四条 【故意伤害罪】故意伤害他人身体的，处三年以下有期徒刑、拘役或者管制。

犯前款罪，致人重伤的，处三年以上十年以下有期徒刑；致人死亡或者以特别残忍手段致人重伤造成严重残疾的，处十年以上有期徒刑、无期徒刑或者死刑。本法另有规定的，依照规定。

回到本案，刘权在家中用水果刀捅伤了张梅，致张梅健康受损，其行为已构成故意伤害罪。但鉴于本案系因婚姻家庭关系纠纷引发，且被告人刘权自愿认罪，积极送被害人就医，并赔偿损失，取得了被害人谅解，可酌情从轻处罚。最终，法院判决刘权犯故意伤害罪，判处有期徒刑1年零6个月。

接到判决书，刘权后悔不迭，他和张梅之所以走到今天，大都是因为他的错，如果此前他能多理解张梅，提早改掉自己身上的坏毛病，或许两人就不会走到离婚的地步，他也不至于为了想跟张梅复婚，就对张梅动刀子，触犯法律。

张梅也很自责，不该为了给儿子的女友看家庭和睦的假象，就违心地跟刘权再住在一起，结果引发了悲剧。

刘权和张梅原本以为两人的离婚会对儿子的婚事产生影响，可事实上，根本没影响，用儿子女友的话说，结不结婚是他们两个人的事，跟父母的婚事没关系。此事过后不久，张梅的儿子就跟女友订了婚，还计划等刘权出狱后结婚。

● 案件感言：家庭责任与婚姻自由 >>>

婚姻是两个人搭伙过日子，需要两个人共同付出，每个人都该对对方的付出心怀感恩，不该视为理所当然，更不该在家庭里当甩手掌柜。而每个人的性格脾气都不相同，生活在一起难免磕磕碰碰，因此双方需要给予对方包容，不要动不动就提出离婚。当然，如果实在过不下去了，也没必要继续凑合，离婚也是一种好的选择。

买房差点毁了家

◈ 摘　要：宋玉琴的儿子到了结婚年龄，因为没房，迟迟结不了婚。后来宋玉琴给儿子买了房，却被丈夫告上了法庭……

王大爷从中介公司得知自己的房子换了新主人，原来是妻子背着他将房子卖给了继子。王大爷一怒之下将两人告上了法庭……

◈ 关键词：夫妻共同财产的处分权　低价有偿取得是否构成善意取得

如果有一天，你突然成了被告，原告竟是朝夕相处的老伴；或者你住的房子，突然有一天被老伴偷偷卖了，你会作何感想？这是什么样的夫妻？又是什么样的老伴，才会作出这等事？让我们看看这些意外事件背后的故事。

2019年3月的一天，宋玉琴正在自家小超市忙活，突然店里走进来两名法院工作人员，递给她一份起诉状和开庭传票。她仔细一看，顿时目瞪口呆，原来她和儿子小磊都成了被告，而告他们的竟是丈夫王志明，诉讼请求竟是因为一套房子。

一套房子竟让一家人反目，这究竟是个什么样的家庭？这套房子背后又隐藏了什么故事呢？

原来，宋玉琴和王志明都是二婚，15年前，宋玉琴跟前夫离婚，随后带着13岁的儿子小磊嫁给了王志明。王志明的前妻因病去世，留下一个10岁的女儿。就这样，四个人组成了一个新家庭。王志明早先跟前妻经营一家小超市，后来在宋玉琴的精心打理下，超市生意越来越红火，一家人生活得很富足。

去年，王志明的女儿结婚了，可宋玉琴的儿子小磊都 28 岁了，还没对象，这可急坏了宋玉琴。她认为儿子没对象是没房子的缘故，她多次跟丈夫王志明商量给儿子买房，可丈夫就是不同意，总说小磊好吃懒做，有房后就更没上进心了。宋玉琴认为丈夫压根就不想给小磊买房，毕竟小磊只是他的继子，平时两人关系也不好，可作为小磊的亲妈，宋玉琴可不能眼睁睁地看着儿子因为没房子打一辈子光棍。

思来想去，宋玉琴决定背着丈夫偷偷给儿子买房，正好家里有 200 多万元存款在她的银行卡上。因为家里的钱向来是由宋玉琴管理，丈夫很少过问，所以就是花了，丈夫一时也不会察觉到。

就这样，宋玉琴偷偷花了 152 万元给儿子买了套房。谁知房子还没来得及装修，丈夫就先把她和儿子小磊告上了法庭。丈夫说宋玉琴给儿子买房，没经过自己同意，事先也没跟自己商量，要求宋玉琴将房子退掉，把钱拿回来。宋玉琴对丈夫的做法很寒心，自己每日起早贪黑地帮着丈夫打理超市，怎么说家里的钱也应该有她的一半，自己给儿子买套房怎么了，哪个做父母的有能力买房却不给儿子买呢？

宋玉琴认为自己这样做没错，气呼呼地拿着传票和起诉状找到丈夫王志明理论。王志明见状，淡定地说，家里的钱本来就没小磊的份儿，当然不能用家里的钱给小磊买房子。宋玉琴一听这话，当时就气坏了，丈夫这是明显没把小磊当自己儿子看待，怎么说小磊跟丈夫也一起生活了 15 年，虽然没有血缘关系，但也算半个亲人吧，丈夫怎么可以说出这么绝情的话来？宋玉琴越想越生气，在超市里就跟丈夫大闹起来，后被进店的客户劝阻。宋玉琴怒气难消，一气之下回了娘家。

因为案件是家庭纠纷，法官曾试图组织双方调解，但起初王志明却拒绝接受调解，还向法官诉起了苦。据王志明说，超市是他和前妻开的，前妻去世后，超市就是自己一个人的了，可宋玉琴跟自己再婚后，不但要求将店里的收益都存到她银行卡上，还要将店里的所有权也转让给她，说是为防止王志明今后提离婚。王志明觉得宋玉琴的要求太过分，但是为了家庭和睦，便退让一步，只答应了将店里的收益存到宋玉琴银行卡上，至于超市的所有权，他打算将来转让给自己的女儿。

而说到女儿，王志明更激动了，说宋玉琴眼里只有儿子小磊，根本没有自己女儿。两人同样是感冒发烧，小磊一出现症状，宋玉琴就急着要把小磊往医院送，而自己女儿就算发烧到 38 度以上，宋玉琴都跟没事人似的，还借口说超市太忙，没时间去医院。就说前不久，在女儿出嫁这件事上，王志明想好好陪嫁女儿，要给女儿买辆 20 多万元的车，可宋玉琴却说车只是代步工具，能开就行，于是给女儿买了辆 5 万元左右的电动汽车，说是为了环保。王志明甭提多生气了，前几年小磊买车时，宋玉琴直接说 20 万元以下的车不看，说开出去没面子，如今轮到自己女儿买车了，就开始讲环保了。

王志明对宋玉琴差别对待两个孩子很不满，而更让他不满的是小磊对他的态度，15 年来，小磊竟没叫过他一次"爸爸"。王志明认为，小磊吃自己的，花自己的，对自己起码该有点尊重，不管自己叫爸爸，叫声叔叔也行呀，却非得直呼其名。宋玉琴说自己没把小磊当儿子，可小磊又几时拿自己当过父亲了？再说小磊本人，自小不爱学习，初中毕业后直接上了技校，也没学到什么，毕业后就到处瞎混，三天两头换工作，还经常回家要钱。这还不算，小磊在社会上结交了一帮小混混，打架斗殴的事没少干，还经常带着人到超市里白拿白要，从不结账。有一次，小磊又带人到超市白拿东西，王志明气得骂小磊是败家子，小磊听了不高兴，回骂王志明是老不死的，还作势要打王志明，被宋玉琴及时拦住了。

王志明认为，就以小磊的这副德行，谁会愿意将姑娘嫁给他，小磊娶不上媳妇根本就不是因为没房子。再说了，一套房子动辄 100 多万元，是家里小超市好几年的收益，就以小磊对自己的态度，自己是真不愿意掏钱为小磊买房，宁愿留着钱将来养老。可他万万没想到，宋玉琴竟背着他偷偷给小磊买了房。

这天，王志明在衣柜里找衣服，意外翻出了一份购房合同，购房人是小磊，购房日期是上个月，总购房款 152 万元，一次性付清的全款。

王志明顿时惊呆了，他绝不相信小磊会有152万元购房款，钱一定是妻子宋玉琴付的。王志明恨得直咬牙，差点把购房合同撕碎。他想打电话质问妻子，可拿起手机又停住了，自己只是猜测钱是妻子付的，并没有真凭实据，万一妻子就是不承认怎么办？这时，王志明想到了去卖房的售楼处了解情况，紧接着，他就拿着购房合同来到售楼处，对售楼小姐说要查看购房时的付款记录。售楼小姐说要保护客户隐私，王志明一听，气得扬言要大闹售楼处，售楼小姐见状，便给他查了账。结果正如王志明所料，152万元购房款果然是从妻子宋玉琴的账上转出去的。

证实妻子偷偷给儿子买了房，王志明气得捶胸顿足，家里的存款怎么说也有自己的一半，妻子凭什么擅作主张给儿子小磊买房，难道自己的钱就这么损失了不成？王志明气不过，想找妻子大闹一场，让妻子把房子退掉，可他转念一想，妻子一直想给儿子买房，怎么会因为自己生气了就退房？不行，得想别的办法挽回自己的损失。这时王志明路过一家律师事务所，便走了进去，咨询怎么通过法律手段讨回房款。

通过咨询律师，王志明了解到，宋玉琴偷偷给儿子买房是私自处分夫妻共同财产，损害了王志明的利益，王志明可以向法院起诉。

王志明想到妻子宋玉琴花152万元给儿子买房，事先都不跟自己说一声，说明心里没自己，自己又何必顾念夫妻情分。至于小磊，压根没把自己当过父亲，就是一个白眼狼。于是，王志明一咬牙，将妻子宋玉琴和小磊一起告上了法庭。但是关于此事，王志明事先并没告诉妻子和小磊两人，他认为反正两人早晚会知道，不如就让法院的人通知两人好了。接着便到了本案开头的一幕，宋玉琴收到传票后气疯了，直接跟王志明大闹了一场，还回了娘家。

法庭上，小磊坚称购房款是母亲宋玉琴对自己的赠与，钱已经买了房，完成了交付，不能再返还。王志明则认为，宋玉琴在赠与前没跟自己商量，私自动用了夫妻共同财产，该赠与行为无效。那么宋玉琴的赠与行为到底有没有效呢？

所谓夫妻共同财产处分权，简单地说，就是夫妻之间对婚后共同财产享有平等的处理权项，包括管理、转让、赠与、销毁等。

夫或妻对夫妻共同所有的财产，有平等的处理权，应当理解为：（一）夫或妻在处理夫妻共同财产上的权利是平等的。因日常生活需要而处理夫妻共同财产的，任何一方均有权决定。（二）夫或妻非因日常生活需要对夫妻共同财产作重要处理决定，夫妻双方应当平等协商，取得一致意见。

本案中，宋玉琴银行卡上的存款是超市经营所得，是夫妻共同财产。宋玉琴花152万元给儿子买房，属于对夫妻共同财产作出重要决定，事先应该跟王志明协商一致，但宋玉琴没有这么做，造成了王志明的财产损失。另外，虽然宋玉琴给儿子买房是一种赠与行为，原则上，赠与物，也就是买房的152万元，在交付给儿子后就不能撤销赠与，不能再收回购房款，但是宋玉琴的赠与行为事先没有经过王志明的同意，而152万元买房款，本就属于夫妻共同财产，宋玉琴无权私自作出决定，因此其赠与行为无效。

● **法条链接** >>>

《中华人民共和国民法典》

第一千零六十二条 　【夫妻共同财产】夫妻在婚姻关系存续期间所得的下列财产，为夫妻的共同财产，归夫妻共同所有：

（一）工资、奖金、劳务报酬；

（二）生产、经营、投资的收益；

（三）知识产权的收益；

（四）继承或者受赠的财产，但是本法第一千零六十三条第三项规定的除外；

（五）其他应当归共同所有的财产。

夫妻对共同财产，有平等的处理权。

第一千零六十六条　【婚姻关系存续期间夫妻共同财产的分割】婚姻关系存续期间，有下列情形之一的，夫妻一方可以向人民法院请求分割共同财产：

（一）一方有隐藏、转移、变卖、毁损、挥霍夫妻共同财产或者伪造夫妻共同债务等严重损害夫妻共同财产利益的行为；

（二）一方负有法定扶养义务的人患重大疾病需要医治，另一方不同意支付相关医疗费用。

本着家和万事兴的原则，法官对双方进行了多次调解。最终，双方达成调解协议，宋玉琴和小磊同意分期返还王志明 76 万元，也就是一半的购房款。

事后，王志明向宋玉琴提出了离婚，宋玉琴死活不同意，担心离婚后会丧失经济来源，而不成器的儿子小磊又难以给她养老。宋玉琴跪求王志明的原谅，并主动交出了家里的经济大权。王志明见状，原谅了宋玉琴，但提出了一个要求，那就是宋玉琴今后不得再给小磊一分钱。宋玉琴点头同意，还说小磊至今一事无成，都是她此前太过溺爱的结果。自此以后，小磊就再没在超市出现过，后来通过出国劳务中介出国打工去了，第一年就还给了王志明 10 万元购房款。

因为偷偷给儿子买了一套房，宋玉琴跟丈夫对簿公堂，这对再婚夫妇差点因此离婚。接下来这个案例，同样是一位再婚妻子为了儿子偷偷处置了夫妻共同财产，有所不同的是，这位再婚妻子竟直接把自己和丈夫居住的房子给了儿子，结果又会怎样呢？

2019 年 3 月的一天，家住北方某大都市的王大爷正在家收拾花草，突然来了几个人，其中一人自称是中介公司的，说是带客户来看房。王大爷顿时愣住了，自己的房子没说要卖啊，中介公司是不是搞错了？随后中介公司掏出了一份房产证复印件，王大爷一看惊呆了，房产证上的地址是自己家没错，可产权人一栏怎么写着孙鹏的名字？这套房子明明是自己和再婚妻子花钱买的，当时自己为了表达对再婚妻子的爱，将房屋登记在妻子名下，产权人应该是妻子马阿姨的名字才对啊？怎么会莫名其妙地变成了孙鹏？而这个孙鹏正是马阿姨的亲儿子。莫非是马阿姨偷偷将房子过户给了亲儿子？想到这里，王大爷倒吸了一口凉气。

王大爷和马阿姨都已年近70岁，30多年前，两人各自离异后重新组建了一个新家庭。这个家庭还有一个成员，那就是马阿姨跟前夫的儿子孙鹏，王大爷没有子女。一家人先是居住在王大爷自有的一套老房子里，后来夫妻俩凑钱买了一套新房子，新房子登记在了马阿姨名下，不久一家人搬去了新房居住。

王大爷一直将孙鹏视如己出，孙鹏结婚，买不起房，王大爷就把老房子无偿赠送给了孙鹏，做了婚房。平时他也时不时拿出退休金接济孙鹏一家，俨然拿孙鹏当了亲儿子。

王大爷想不明白，孙鹏有房居住，为何还要打自己新房子的主意，而自己的房子又是怎么过户到孙鹏名下的？王大爷赶忙叫来马阿姨，质问怎么回事。马阿姨见状，不得不道出了事情的来龙去脉。

原来，孙鹏夫妻俩一直嫌王大爷赠送的老房子太旧太小，便计划卖掉老房子，再买一套新房子，两套房差价约200多万元。孙鹏妻子生孩子后就全职在家照看孩子，家里的开销全靠孙鹏一个人，日子过得本就艰难，再想买房，无异于痴人说梦，因为他们根本就付不起房贷。可买房不办贷款，去哪里弄那么多钱呢？这时他们想到了王大爷和马阿姨现在居住的房子。

孙鹏找到母亲马阿姨，请求母亲帮他一把。他让母亲将名下的房产，也就是母亲和王大爷现在居住的房子，再赠与他，他把房子卖了就有钱买新房了，剩下的钱他再为老两口租套合适的房子居住。马阿姨起初不同意，谁不愿住在自己家啊，舒心又方便，可除此之外，她又想不出更好的办法帮儿子。而如果不帮儿子买新房，儿媳妇三天两头地因为房子的事跟儿子吵架，两人的婚姻早晚出问题，她一个快70岁的老太太实在没能力再给儿子娶媳妇了。于是，马阿姨细想了一下，她和王大爷年纪都大了，身体又都不太好，估计也活不了很多年了，两人死后，房子还是得留给儿子，到时儿子肯定还得卖，既然早晚得卖，不如现在卖了，给儿子缓解经济压力。

虽然马阿姨同意了将房子赠与孙鹏，但是想要试图说服王大爷同意却很难，因为王大爷非常喜欢这套房子，总说要在这套房子里颐养天年，这可怎么办？孙鹏想了想，劝母亲先不要告诉王大爷此事，等房子过到了自己名下，生米煮成了熟饭，王大爷即便事后不同意也没办法阻止了。马阿姨觉得儿子的话有道理，便同意了。

而正当马阿姨要将房子赠与给儿子孙鹏时，孙鹏又改了主意，说是打听到赠与房子的形式要缴纳很高的税费，不如以买卖的形式转让房产。于是，马阿姨就和儿子孙鹏签署了一份房屋买卖合同，以15万元的超低价将和老伴王大爷共同居住的房产卖给了儿子，并很快办理了产权变更登记。而这一切，王大爷一直被蒙在鼓里，直到中介公司带人上门看房，他才从马阿姨口中得知了实情。

王大爷听后如五雷轰顶，他不能接受自己的房子就这么被偷偷卖了，气得当即犯了心脏病，住进了医院。虽然马阿姨一直在病床旁悉心照料他，孙鹏也痛哭流涕地给他认错，但是王大爷一想到自己即将无家可归，再也不能安度晚年了，就忍不住地心滴血眼流泪，根本无法原谅两人。

随后，悲愤交加的王大爷一纸诉状将妻子和继子孙鹏一同告上了法庭，要求判令两人签订的房屋买卖合同无效，同时要求将涉案房屋过户到自己和马阿姨名下。

法庭上，孙鹏辩称自己是付款15万元买的王大爷和母亲的房子，房子已经过户到自己名下，应该属于善意取得，买房合同不能撤销。那么孙鹏的说法会得到法院的支持吗？

● 律师说法：低价有偿取得是否构成善意取得 >>>

善意取得，又称即时取得，指无权处分人将动产或不动产处分给他人，善意受让人依法取得该动产或不动产的所有权或其他物权。

根据相关规定，共同共有人对共有财产享有共同的权利，承担共同的义务。在共同共有关系存续期间，部分共有人擅自处分共有财产的，一般认定无效。但第三人善意、有偿取得该财产的，应当维护第三人的合法权益，对其他共有人的损失，由擅自处分共有财产的人赔偿。

不动产善意取得的构成要件一般为：

1. 出让人无处分权；

2. 受让人为善意；

3. 合理价格有偿转让；

4. 依照法律规定已经办理物权变动登记。

本案中，涉案房产是王大爷和马阿姨共有，马阿姨擅自处分共有财产，应该认定为无效。但是孙鹏已经有偿取得了该房产，这就要判断孙鹏取得房产是否善意。该房产市场价值约 400 万元，而孙鹏却仅支付了 15 万元，只相当于房产实际价值的 3.75%。

根据相关规定，转让价格达不到交易时交易地的指导价或者市场交易价 70% 的，一般可以视为明显不合理的低价。

● 法条链接 >>>

《中华人民共和国民法典》

第三百一十一条　【善意取得】无处分权人将不动产或者动产转让给受让人的，所有权人有权追回；除法律另有规定外，符合下列情形的，受让人取得该不动产或者动产的所有权：

（一）受让人受让该不动产或者动产时是善意；

（二）以合理的价格转让；

（三）转让的不动产或者动产依照法律规定应当登记的已经登记，不需要登记的已经交付给受让人。

受让人依据前款规定取得不动产或者动产的所有权的，原所有权人有权向无处分权人请求损害赔偿。

当事人善意取得其他物权的，参照适用前两款规定。

最后，法院认定孙鹏是以明显不合理低价取得了涉案房产，不属于善意取得，判决马阿姨与孙鹏签订的房屋买卖合同无效。自判决生效之日起10日内，孙鹏将房屋登记至王大爷和马阿姨名下。

事后，王大爷对马阿姨的态度一落千丈，连话都不愿跟马阿姨说了，马阿姨后悔不迭，整日唉声叹气。而孙鹏的日子也不好过，大房子没买成，妻子难免有怨气，时不时就借题发挥唠叨孙鹏一番，夫妻俩的感情越来越差。

● 案件感言：夫妻间的信任与尊重 >>>

不信任感是很多再婚夫妻遇到的大难题，结婚后财产怎么支配，谁说了算，只要跟钱扯上关系，对再婚夫妻都是一次考验。以上两个案例，第一位再婚母亲偷偷拿夫妻共同财产给亲儿子买房子；第二位再婚母亲则直接把自己和丈夫共有的房子以超低价卖给了亲儿子。我们可以看出，两位母亲都是爱子心切，以致竟都忽略了再婚丈夫的感受，买房卖房这样的家庭大事，事先竟都没跟丈夫说一声，事后丈夫知道了，不气得打官司才怪。

其实，婚姻就是一场合作，再婚更是如此。如果夫妻不能同心同德，不能劲儿往一处使，合作将很难长久，还有可能分道扬镳。

花 甲 老 人 遭 抢 劫

◈ 摘　要：深更半夜，张大爷家遭遇入室抢劫。民警协助调取监控，张大爷妻子一眼就认出犯罪嫌疑人是张大爷的女儿，后经查证，嫌疑人另有其人，是故意化装成张大爷女儿的……

◈ 关键词：抢劫罪　共同犯罪

2014年5月的一天，凌晨4点钟，睡梦中的张大爷被一阵急促的敲门声惊醒了。张大爷的妻子赶紧披了件外套就跑去开门，可刚打开门，3个持刀的蒙面歹徒就冲了进来。二话没说就把张大爷的妻子给捆绑了起来。

张大爷被眼前的一幕吓得直哆嗦，他惊恐地问："你们是谁，你们想干什么？"还没等张大爷缓过神来，歹徒也把他给捆绑了起来，并且拿着刀在他眼前晃来晃去。歹徒对张大爷说，他们只要钱，不要命，家里有多少钱，赶紧乖乖地拿出来，不然就给他"放点血"。张大爷被吓坏了，脸色煞白，浑身哆嗦，嘴里不停地说家里没钱。

歹徒们看张大爷不肯把钱交出来便有些恼火，其中一个人开始对他动起了拳脚，另外两人则在张大爷家里到处搜寻。不一会儿，歹徒们就搜到了现金2800元，还有张大爷的一张银行卡。这时的张大爷已经是鼻青脸肿了，他看到那张银行卡更是面如死灰，里面是他半生的积蓄，有20万元，是他准备留着养老的。

看到张大爷的表情，3名歹徒更加凶狠地威逼张大爷说出密码。张大爷先是死活不肯，这时一旁的妻子声音颤抖着劝张大爷，说留着青山在不怕没柴烧，钱可以再赚，先保命要紧。张大爷心想也对，再怎么说钱也没有命重要，况且自己实在招架不住他们的殴打了，于是就把密码告诉了他们。其中一个蒙面人拿着卡出去取钱，验证密码正确后，就打电话通知了另外两个人，然后歹徒就逃离了张大爷家。临走前，他们还威胁张大爷说，如果他敢报警，就杀了他全家。

歹徒走后，惊魂未定的张大爷第一时间想到了报警。可当他把想法告诉妻子后，却遭到了妻子的极力反对。妻子不住地哀求他，说能看得出那3个人都是亡命徒，即便张大爷自己不怕死，也得为孩子们想想，万一那3个人得知张大爷报了警，真回来杀了全家怎么办。

张大爷陷入两难境地，半生积蓄一夜之间被人抢走，他非常心疼，本想报警，可面对妻子的苦苦哀求，他又犹豫起来。最终，张大爷还是毅然地报了警，虽然他也对劫匪的威胁感到害怕，可他更相信警方一定会将坏人绳之以法的。

警方在接到张大爷报案后，立即展开了侦查。警方调取了张大爷银行卡的交易记录，发现凌晨6点钟，该银行卡在一家银行的自动取款机上有13000元的提款记录。警方随即联系银行调取了监控视频，视频里一位长卷发的年轻女子正在使用张大爷的银行卡进行操作，女子戴着口罩和帽子，无法辨认相貌。民警把张大爷夫妻找来辨认。张大爷看到视频中的女人，顿时愣住了，女人从身材到穿着打扮，像极了自己的女儿小兰。而张大爷的妻子一眼就认出了视频中的女人，她正是张大爷的亲生女儿小兰。

难道抢劫自己的真的是亲生女儿？张大爷觉得太不可思议，他们毕竟是相依为命的父女啊。张大爷的妻子在指认出提款的就是张大爷女儿小兰后，就开始对民警大倒苦水，说小兰对她不孝顺也就罢了，谁让她是后妈呢。可她对自己的亲生父亲竟然也不孝顺，只会回家要钱，前几天她回家跟张大爷要5万元买车，张大爷没给，她就大闹了一场。没想到，如今她竟然做出了抢劫亲生父亲这么大逆不道的事，张大爷真是白疼她了。

根据张大爷妻子提供的信息，民警很快找到了张大爷的女儿小兰。

面对民警的询问，小兰矢口否认，她承认自己几天前确实向父亲要过钱，当时父亲没有给她，虽然她有些生气，可她绝对不会做出抢劫父亲这种没良心的事，而且这两天她一直在医院陪自己生病的女儿。

几天前，小兰看中了一款轿车，想要尽快买下来，但是自己的钱又不够买车，便想让父亲给她赞助5万元。父亲说自己刚刚进了一大批货物，还没有出手，承诺过几个月再给她，她也就没有再纠缠。哪知继母谢梅听后很不高兴，指责她不孝顺，就知道向父亲要钱，她气不过就跟继母吵了起来。最后小兰对民警讲，这些天她两岁的女儿得了重感冒，已经住院两天了，这两天她一直守在医院病房里，哪儿也没有去。民警随后到医院查证，证实张大爷的女儿小兰在案发之时确实在医院，银行监控中的女子并不是小兰。

视频中的女子不是自己的女儿，这倒让张大爷稍微松了一口气，可张大爷还是觉得视频中的女子不但与女儿形似，而且还有几分熟悉的感觉，她到底是谁呢？

民警排除了小兰的作案嫌疑，又调取了银行周围的所有监控，逐一排查。最终在离银行几十米远的路段又发现了嫌疑人的踪影，这次年轻女子没有戴口罩，正拿着手机打电话。

警方又一次将张大爷夫妇请来辨认。当张大爷看到视频中的女子时，顿时火冒三丈，他冲身旁的妻子大吼道，这就是你养的好女儿，竟然还贼喊捉贼。而一旁的张大爷妻子，低着头痛哭流涕起来，哭着说都是自己的错，是自己一时糊涂，害了女儿。

原来视频中的年轻女子正是张大爷的继女高晓美。警方立即对高晓美实施了抓捕，并根据高晓美的供述顺藤摸瓜抓获了实施抢劫的3名歹徒。

半夜遭人入室抢劫，竟然是妻子指使的，这让张大爷很是气愤。他想不明白，妻子为什么要这么干，而且还要嫁祸给自己的女儿小兰。悲愤之余，张大爷向民警讲述起了自己跟妻子的这段婚姻。

60岁的张大爷在省城经营着一家小超市，因为店里的生意一直不错，维持一家人的生活绰绰有余。可是张大爷心里却总有些不满足。原来，两年前张大爷妻子因病去世，接着与自己相依为命的女儿也出嫁了，空落落的大房子里就只剩下他一个人，在家时，他总感觉非常孤独。

一年前，张大爷经人介绍认识了现在的妻子谢梅。谢梅是个农村妇女，不久前丈夫因车祸去世，为了生活，她不得已到省城打工。40多岁的谢梅长得结实丰满，看上去风韵犹存，张大爷第一眼就相中了。

张大爷把准备再婚的事告诉了女儿小兰，没想到女儿是一百个不同意。女儿说，谢梅一定是看中了张大爷的钱财，才同意嫁给他的，不会真心对张大爷好的。张大爷为了让女儿放心，信誓旦旦地说，自己就她一个女儿，家产肯定会留给她，不会给外人的，女儿是想多了。可女儿还是不松口，非要张大爷立下字据才行。张大爷不得已，给女儿写了一份遗嘱，说自己死后的所有财产都归女儿小兰所有。

很快，张大爷和谢梅两人就结了婚。婚后，张大爷对谢梅疼爱有加，谢梅无微不至地照顾张大爷，可以说，两人刚开始的那段日子过得确实很甜蜜。

春节前夕，谢梅对张大爷说，自己的儿子大强想到省城来打工，问能不能住在家里。张大爷想也没想就答应了，他觉得母子在一起天经地义，再说自己也该尽点做继父的责任。

春节刚过，大强就到了省城，找了一份建筑工人的工作。谢梅对儿子的到来自然是很高兴，她甚至向张大爷提议以后要在省城给儿子娶个媳妇。张大爷对大强的到来，起初也是很欢迎，可渐渐地他就对大强的一些生活习惯有了看法。他发现大强不太讲个人卫生，不洗手就吃饭，东西随意乱放，而且吃饭时还狼吞虎咽。张大爷向来有点洁癖，这些生活习惯他哪能受得了？

某天晚上，大强很疲惫地回来，一屁股就坐在了刚换了座套的沙发上，还把身上的脏衣服也随手丢在了客厅里，就回屋睡觉去了。第二天一早，张大爷看到客厅里的脏衣服和弄脏了的沙发，顿时大发雷霆，他还大骂大强是猪，把自己干干净净的家给弄成了猪圈。大强被激怒了，跟张大爷吵了起来。第二天，大强便离开了省城，到南方打工去了。大强离开后，妻子对张大爷的态度明显冷淡了许多，而张大爷也觉得对不住妻子，就想尽办法讨好妻子。

哪知，谢梅的儿子大强刚走，女儿高晓美又到了省城。高晓美刚初中毕业，她是来省城找工作的。女儿的到来暂时让谢梅扫去了前不久的阴霾，她对张大爷的态度也好了许多。高晓美身材娇小苗条，张大爷觉得她跟自己女儿小兰的身形有些相像。汲取了上次大强的教训，张大爷这次对高晓美极尽包容。所以刚开始的一段时间，张大爷和高晓美之间相处还很融洽。可后来，张大爷对高晓美的一些行为就有点看不惯了。

高晓美从不做家务，整天不是坐在电脑前打游戏，就是"煲电话粥"。后来，高晓美竟然跟社会上的不良青年混到了一起，有时还夜不归宿。忍无可忍的张大爷跟妻子谢梅发了一通牢骚，让她好好管教女儿，不要给家里人丢脸。谢梅听后止不住地流眼泪，说自己也曾说过女儿多次，可女儿根本听不进去，自己也是拿女儿没办法了。张大爷很同情妻子，只能适时地对高晓美旁敲侧击，可是高晓美依然我行我素。

高晓美一直无所事事，花钱又大手大脚，经常向母亲谢梅要钱，谢梅只好从每月的家庭生活费里挤出来一部分给她。对此，张大爷颇有怨言。一天，谢梅吞吞吐吐地向张大爷说，高晓美想去一所技校学点儿技能，但是学费要1万元，问张大爷可不可以暂时先借给她，等到她能自食其力了就还给张大爷。哪知张大爷对高晓美早已失望透顶，他认为这肯定是高晓美骗钱的幌子，所以当时就断然拒绝了。此后高晓美再也没在张大爷家里出现过，谢梅对张大爷的态度简直冷到了冰点，对张大爷的生活也不再上心了。此时张大爷的心里也有了说不出的滋味。

本来幸福甜蜜的一段婚姻，却因为妻子一双儿女的闯入而变了味道，随后的日子，谢梅跟张大爷一直冷战着。而就在此时，张大爷的亲生女儿小兰回来了。自从张大爷再婚后，小兰还是第一次回家，平常都是打电话。张大爷喜出望外，他让谢梅赶紧做饭去。谢梅很不情愿地到厨房准备饭菜。

客厅里，小兰对张大爷说自己看中了一款车，让父亲赞助她 5 万元，张大爷说刚进的货还没有卖出去，答应过几个月再给她。话音刚落地，谢梅突然出现了，她大声指责小兰没有孝心，一年多来，从没来看过父亲一次，现在好不容易来一趟，见面就是要钱。小兰也不甘示弱，说谢梅嫁给张大爷本来就是图钱，还拖家带口地住在这里。两个人互不相让，最后，小兰不屑地对谢梅说："你不要再抱幻想了，我父亲早就给我写了遗嘱，他死后的所有财产都是我的，你别想拿走一分钱，你就是个临时保姆罢了。"谢梅当时就愣住了，紧接着跑到卧室里大哭了一场，张大爷怎么安慰也无济于事。最后，张大爷不得已将自己存了 20 万元的养老钱告诉了谢梅，并许诺再过几年，他就把这些钱转到谢梅账户上。谢梅听后便止住了哭声，随后的几天也没有什么异常的举动，直到张大爷遭到了入室抢劫。

张大爷把前后发生的事情梳理了一遍，他认为妻子谢梅一定是受到了遗嘱的刺激，再加上继女高晓美的挑唆，才会干出这种傻事的。张大爷一再恳求警方能对谢梅宽大处理，并表示愿意替谢梅缴纳罚金。

谢梅策划抢劫自己的丈夫真的仅仅是因为受了遗嘱的刺激吗？面对张大爷的好意，谢梅又是否领情呢？

面对警方的讯问，谢梅擦干眼泪，开始向警方诉说自己在这段婚姻中的委屈。原来，谢梅在相亲时并没有看上张大爷，可经媒人三番五次地劝说后，她觉得张大爷毕竟是个城里人，有房有钱，还有生意，况且张大爷还答应会帮她照顾两个孩子，所以就答应了。

刚结婚时，谢梅觉得张大爷对自己确实不错，她也曾想过跟张大爷一起过完下半辈子。后来谢梅的儿子大强来了，谢梅希望儿子能在省城安家，这样她以后也就能有个依靠。大强主动干起了家里的全部重活，可张大爷不但没有半点感激，反而嫌弃他不讲卫生。大强为了不让谢梅为难，就到南方打工去了。谢梅觉得张大爷对儿子的态度实在过分，因此之后她对张大爷的态度也就冷淡了许多。

没过多久，谢梅的女儿高晓美也到了张大爷家。谢梅觉得这次张大爷对女儿的态度更加过分，张大爷总说女儿高晓美好吃懒做，行为不检点，经常旁敲侧击地数落她。谢梅认为，女儿高晓美确实有些行为不好，可她毕竟还是个孩子，也得让她慢慢改啊。后来，高晓美想到技校学点儿技能，需要 1 万元学费，谢梅是鼓起了很大的勇气才向张大爷张口借钱的，没想到张大爷竟一口回绝了她。

张大爷在跟谢梅结婚前曾亲口许诺要帮她照顾两个孩子，现在反而嫌弃他们，这让谢梅心里很难过，也对这段婚姻有了悔意。

可一切的导火索还是前几天发生的一件事。那天，张大爷的女儿小兰来家里要钱，张口就是 5 万元，张大爷虽没有当即把钱给她，但也答应了。谢梅在厨房里听到后，顿时心寒起来，自己的女儿借 1 万元都不给，张大爷自己的女儿却张口就给 5 万元，虽说亲疏不同，也不至于这么悬殊吧。当时的谢梅非常气愤，就冲到客厅跟小兰吵了起来。让她最难以接受的，还是张大爷竟然背着她给女儿写了遗嘱，自己还被说成是临时保姆。

谢梅当时就崩溃了，心想，自己一年多来，里里外外操持这个家，付出了不知多少心力，而等张大爷死后，自己还得从这儿搬出去，成为一个一无所有的人，儿女也没法照顾。谢梅不住地问自己，嫁给张大爷到底图什么？

张大爷许诺再过几年就把 20 万元存款转给谢梅，对此，谢梅虽然表面上什么都没说，但心里却嗤之以鼻。她觉得张大爷只不过是想用 20 万元买个终身保姆罢了，现在她心里对张大爷充满了怨恨。

谢梅越想越气愤，就给女儿打了电话。女儿高晓美愤怒地说："既然张大爷不仁，就不能怪我们不义。既然他不舍得给我们钱，那我们就拿刀子逼着他将钱拿出来。"谢梅虽然知道这样做犯法，可是现在愤怒已经冲昏了她的头脑，便同意了女儿的提议。

为了实施对张大爷的抢劫，谢梅和女儿高晓美进行了非常周密的计划。高晓美自离家后一直跟一个小混混住在一起，高晓美就把这个计划告诉了他，并让他又联系了两个人，目前总共有 3 个人。高晓美让他们准备好刀具和绳子，并告诉了他们张大爷家的地址，现金和银行卡的存放地点，以及实施计划的时间。最后高晓美许诺，只要事成，每人给他们 1 万元作为酬劳。

谢梅在跟张大爷的女儿小兰发生争吵后，对小兰一直怀恨在心。为了报复小兰，也为了转移警方的视线，谢梅提议让女儿高晓美假扮小兰去提款，因为她也发现女儿的身形很像小兰。就这样，谢梅给女儿买了与小兰同类发型的假发，还有前几日小兰穿的同款衣服。为了防止被银行监控拍下清晰的面部，谢梅还给高晓美准备了帽子和口罩。

一切准备就绪，随后就发生了案件开始的那一幕：深更半夜，3 个蒙面男子突然闯进张大爷家，对张大爷进行了殴打，并在张大爷妻子谢梅的里应外合之下，将张大爷的 2800 元现金和一张有 20 万元存款的银行卡抢走了。

谢梅和高晓美自以为她们的计划天衣无缝，却没想到她们作案时张大爷的女儿小兰正在医院，有充分的不在场证明。更没想到办案民警的法眼竟然能这么快就识破了她们的阴谋。

很快，检察院以谢梅、高晓美等人涉嫌抢劫罪向人民法院提起公诉。

在法庭上，谢梅和高晓美辩称，她们跟张大爷是一家人，抢张大爷的钱也就是拿自己家的钱，因此她们的行为不构成抢劫罪。那么抢劫家庭成员到底构不构成抢劫罪呢？

● 律师说法：抢劫罪 >>>

抢劫罪是指以非法占有为目的，对财物的所有人、保管人当场使用暴力、胁迫或其他方法，强行将公私财物抢走的行为。

本案中，被告人谢梅和高晓美分别是受害人张大爷的合法夫妻和继女，均属近亲属关系，那么法律该当如何定罪呢？

《最高人民法院关于审理抢劫、抢夺刑事案件适用法律若干问题的意见》第七项规定："……为个人使用，以暴力、胁迫等手段取得家庭成员及近亲属财产的，一般不以抢劫罪定罪处罚，构成其他犯罪的，依照刑法的相关规定处理；教唆或伙同他人采取暴力、胁迫等手段劫取家庭成员或近亲属财产的，可以抢劫罪定罪处罚。"

本案中的谢梅和高晓美伙同他人，里应外合，抢劫家人财产，且对受害人张大爷进行了殴打，主观恶性较大，应以抢劫罪定罪处罚。

● 法条链接 >>>

《中华人民共和国刑法》

第二百六十三条 【抢劫罪】以暴力、胁迫或者其他方法抢劫公私财物的，处三年以上十年以下有期徒刑，并处罚金；有下列情形之一的，处十年以上有期徒刑、无期徒刑或者死刑，并处罚金或者没收财产：

（一）入户抢劫的；

（二）在公共交通工具上抢劫的；

（三）抢劫银行或者其他金融机构的；

（四）多次抢劫或者抢劫数额巨大的；

（五）抢劫致人重伤、死亡的；

（六）冒充军警人员抢劫的；

（七）持枪抢劫的；

（八）抢劫军用物资或者抢险、救灾、救济物资的。

《最高人民法院关于审理抢劫、抢夺刑事案件适用法律若干问题的意见》

七、关于抢劫特定财物行为的定性

为个人使用，以暴力、胁迫等手段取得家庭成员或近亲属财产的，一般不以抢劫罪定罪处罚，构成其他犯罪的，依照刑法的相关规定处理；教唆或者伙同他人采取暴力、胁迫等手段劫取家庭成员或近亲属财产的，可以抢劫罪定罪处罚。

《最高人民法院关于审理抢劫刑事案件适用法律若干问题的指导意见》

五、抢劫共同犯罪的刑罚适用

1. 审理抢劫共同犯罪案件，应当充分考虑共同犯罪的情节及后果、共同犯罪人在抢劫中的作用以及被告人的主观恶性、人身危险性等情节，做到准确认定主从犯，分清罪责，以责定刑，罚当其罪。一案中有两名以上主犯的，要从犯罪提意、预谋、准备、行为实施、赃物处理等方面区分出罪责最大者和较大者；有两名以上从犯的，要在从犯中区分出罪责相对更轻者和较轻者。对从犯的处罚，要根据案件的具体事实、从犯的罪责，确定从轻还是减轻处罚。对具有自首、立功或者未成年人且初次抢劫等情节的从犯，可以依法免除处罚。

最终，法院审理后认为，谢梅、高晓美等5人的行为均已触犯了刑法，构成抢劫罪，依法判处被告人谢梅有期徒刑3年零6个月，并处罚金3000元。高晓美和另3名被告人分别判处有期徒刑3年或2年不等的刑期。

● **案件感言：再婚家庭与子女关系 >>>**

再婚家庭是两个破碎家庭的重组，再婚家庭里大多数的子女都是怀着对原有家庭的记忆走进重组家庭的，他们对重组家庭有着天然的抵触心理。这就要求再婚后的双方，均应以宽阔的胸襟接纳对方的子女，将其视同己出。同样，家庭成员之间要经常沟通，增进彼此了解，建立信任关系，努力培养后天感情，只有这样才能缩短再婚家庭成员的心理距离，也才能让再婚家庭变得不再易碎。

"慈母"卖房救败家儿

◈ 摘　要：张淑兰爱子如命，为替儿子还赌债，不但卖光了家里的4套楼房，还又盯上了别人的钱，甚至不惜铤而走险……

◈ 关键词：以借款为名的诈骗罪　民间借贷与诈骗罪的区别

2019年5月，南方某市中级人民法院以诈骗罪判处一位年过半百的妇女有期徒刑5年零6个月，随后她的丈夫含恨自杀。事件随即在当地引起轰动。据传，这位妇女家里曾拥有4套楼房，价值数百万元。人们不禁想问，这位妇女这么有钱，为何会走上诈骗的道路？而她的丈夫又为何要自杀？是两人感情好，还是另有缘由？

要了解详情，我们还得从5年前说起。妇女名叫张淑兰，她家原本是普通的农村家庭，丈夫是一家公司的保安，因公司离家比较远，常年住公司宿舍，而张淑兰没有固定工作，时常给一家餐厅打杂，两人收入都不高。本来他们家的生活很难有较大改善，但因为他们村的土地被开发成楼房了，他们家一下子分得了4套楼房。除一套自住，一套留给儿子结婚用外，其余两套都租了出去，每月光房租就六七千元。自此张淑兰一家过上了衣食无忧的富裕生活，而这也彻底改变了张淑兰的儿子马勇。

马勇刚满25岁，刚大学毕业两年，在一家保险公司做小职员，收入不高。马勇被母亲张淑兰百般呵护着长大，原本就好吃懒做，自从家里分得4套楼房后，就更不得了了，出手变得非常阔绰，第一时间就买了部上万元的手机，此后经常跟人外出吃饭喝酒，酒足饭饱后就到处玩，经常很晚才回家。张淑兰认为马勇是玩疯了，不免唠叨他几句，可不承想马勇脾气暴躁，常对张淑兰大声嚷嚷："不关你事，真啰唆！"每当这时，张淑兰就不住地叹气，可儿大不由娘，她又能怎么样呢？

不过，马勇也有主动搭理张淑兰的时候，那就是手头钱紧，跟母亲要钱的时候，少则数百，多则数千，理由不是想买什么东西，就是要请朋友吃饭。张淑兰跟丈夫原本攒下了20多万元，是打算给儿子将来买房结婚用的，如今家里分得4套楼房，再不用发愁给儿子买房了，手头也就宽裕了。因此张淑兰对儿子就更大方了，基本上是儿子要多少给多少，后来干脆直接把存折给了儿子，让儿子需要钱时就自己去取。人们不禁会问，张淑兰这么做，难道就不需要征求丈夫的同意吗？原来，丈夫常年住公司宿舍，很少回家，也很少过问家里的事，家里的钱一直由张淑兰管着，至于怎么花，丈夫基本不管。

张淑兰本以为给儿子尽量多的钱是爱儿子，可没承想却害了儿子，让儿子走上了一条不归路，也让自己逐步陷入了困境。几个月后的一天，儿子马勇从外面垂头丧气地回到家，进入卧室就一通乱发脾气。张淑兰赶忙劝阻，让儿子冷静下来，不要打砸东西发泄情绪，还劝儿子要是遇到了什么困难，就跟自己说，自己一定帮儿子解决。儿子一听这话，立马冷静下来，跟母亲讲起了自己的难处。

原来，马勇自从家里有了4套楼房后，就觉得今后不用辛苦奋斗了，不但工作不好好干了，还整日跟一帮狐朋狗友瞎混，到处吃喝玩乐。一天，一伙人吃完饭后，一个人提议到饭店楼上的游戏厅去玩玩，马勇也跟着一道去了，还试着跟别人玩起了赌博机，没想到一玩竟上了瘾。当晚，马勇赢了5000多元，赶上他一个月工资了，高兴得都失眠了。马勇自认为找到了一条发财途径，自此，他没事就去游戏厅玩会儿赌博机。刚开始，马勇虽然投注很少，但是赢了不少，可随着他投注越来越多，反倒开始输了。马勇急于翻本，不断加大投注，可投注的钱越多，输得也就越多，很快母亲给的存折里的20多万元都被马勇输光了。

马勇想收手，可又不甘心输掉的20多万元，就在这时，他看到了一个放高利贷的小广告，便想借高利贷翻盘。马勇是这么打算的，他可以多借几次高利贷，直到翻盘为止，他就不信，自己的运气就这么背，会一直输到底。就这样，马勇找到贷款公司，用一套房子做抵押，借了60万元的高利贷，可很快就全输光了。当马勇又向贷款公司借款时，贷款公司不但拒绝了，还让马勇一个星期内还清此前借贷的60万元和利息，不然就直接收回马勇抵押的房子。马勇开始后悔不迭，不但母亲给的20多万元存款没赢回来，还又赔进去了60万元高利贷。马勇没钱还高利贷，又不甘心被收走房子，这才在屋里发泄情绪，后被母亲张淑兰及时阻止。

张淑兰听完气得大骂儿子糊涂，常言道"十赌九输"，有几个人能靠赌博赚大钱啊，真是异想天开。张淑兰狠狠地打了儿子几下，打完了又开始心疼儿子，算了，先想办法还上高利贷再说吧。可是去哪里弄钱还贷款呢？借钱？60万元可不是小数目，谁肯借给自己？眼下也只有卖房一条路可走，可卖房也得偷偷卖，不能让丈夫知道，不然以丈夫的暴脾气，非把儿子打个半死不可，好在丈夫不常回家，这事倒是瞒得住。

就这样，张淑兰背着丈夫低价卖掉了一套房，所得卖房款85万元，替儿子还上了高利贷，还剩下20多万元。张淑兰这回长了记性，为防儿子再去赌钱，她不但收回了先前给儿子的存折，也不再轻易给儿子钱了。虽然儿子多次表示不再去玩赌博机了，可张淑兰始终不放心。

张淑兰不仅切断了儿子的财源，还给儿子张罗起了婚事，她认为男人结婚生子后就会更有责任心，自然会远离赌钱。张淑兰到处托人给儿子介绍对象，很快，儿子马勇就看中了一位叫小茜的姑娘。在张淑兰的不断催促下，两人相识仅3个月，还没有深入了解，就领了结婚证。第二年小茜就生了个女儿。张淑兰抱着孙女乐得合不拢嘴，一边为自己升级做了奶奶高兴，一边也为自己的妙计得意，儿子自从跟儿媳妇相识结婚再到孙女出生，很少再跟狐朋狗友外出吃饭了；至于赌博机的事，儿子每天都忙于工作和照顾妻子和女儿，估计也没有时间去玩了。

张淑兰由衷地为儿子的变化感到高兴。可惜好景不长，孙女还没满月，儿子马勇跟儿媳妇的关系就变得紧张起来。先是儿媳妇小茜不满马勇太懒，夜里孩子哭，马勇都不起身哄哄，还责怪小茜不会照顾孩子。下班回到家马勇就躺在沙发上一动不动，既不帮忙照顾孩子，也不帮忙做家务。后来，小茜又埋怨马勇给自己的钱不够花的，自己想做个产后身体护理都没钱。

张淑兰为缓和两人的关系，住到了儿子家，全天帮忙带孩子，另外还经常拿出钱给儿媳妇。就这样，张淑兰小心地维系着儿子跟儿媳妇的关系，可两人还是因为琐事经常吵架。没过多久，儿子又跟此前的狐朋狗友混在一起了，又经常很晚回家，夫妻俩的关系变得更糟了，儿媳妇动不动就嚷嚷着要离婚。

张淑兰担心两人真离婚，毕竟孙女还小，而更让她担心的是，儿子似乎又开始赌博了，好像又借了高利贷。

2018 年 4 月的一天，儿子正在逗女儿玩，忽然他的手机响了。他一看来电号码立马脸色煞白，神色慌张地进了卧室，还关上了房门。张淑兰觉得儿子的举动不对劲，担心儿子又遇到了什么难事，便偷偷侧耳倾听，只听电话里有人大声嚷嚷："赶紧还钱，再不还钱就去收房子了！"儿子低声下气地求对方宽限几天，并说："等我赢了钱，立马就还！"张淑兰一听，顿时冷汗直冒，脑袋里满是问号，什么赢钱？儿子又去赌博了？又借高利贷了？等儿子放下电话，张淑兰立马冲进卧室，质问儿子怎么回事。可儿子却说张淑兰听错了，说罢扭头出了门，此后再没回家，连手机也关机了。

马勇突然失联，张淑兰想要报警，就在这时，几个彪形大汉闯进了家门，说是上门收房子的。原来马勇赌博不仅输掉了一套房子，还将家里剩下的 3 套楼房都抵押给了高利贷公司，先后贷款 250 万元，钱全部被马勇赌博输光了，马勇到期还不上钱，竟然逃跑了，贷款公司只好上门收房子。张淑兰听后顿时瘫坐在地，此前她给餐厅打杂，一个月工资不过 2000 元，她何时才能赚到 250 万元啊！

张淑兰不住地骂儿子狗改不了吃屎，又去赌钱了，而一想到家里的房子都被收走后，自己和儿媳妇，还有孙女，无处可去，她就拼命地将收房的人往外攘，还说"冤有头债有主"，让收房的人去找儿子要钱。收房的人一看这架势火了，气急败坏地说，就算是挖地三尺也要把马勇找出来，如果还不上钱，就将他碎尸万段！张淑兰一听要将儿子碎尸万段，立马软了，儿子可是她的命根子，她宁愿替儿子去死，还债又算什么。张淑兰赶忙求饶，说愿意代儿子还债，不过要给自己10天时间筹钱。收房的人见状，只好答应了。

张淑兰替儿子担下了250万元债务，按市场价，一套房子八九十万元，除了把剩下的3套房子全卖掉，张淑兰想不出更好的筹钱办法。可房子全卖掉了，一家人住哪儿啊？丈夫知道后会不会杀了自己？张淑兰想着先救儿子要紧，等卖完房子还上了债，再找地方住；至于丈夫，卖房前是肯定不能说的，因为她担心丈夫会阻止自己卖房。

一听说张淑兰要卖自己住的房子，儿媳妇小茜第一个不同意，威胁说，如果张淑兰卖掉房子，她就跟马勇离婚。张淑兰心想，如果不卖房子，就筹不到钱，到时儿子可能连命都保不住了，她哪还会在乎什么离婚啊。于是，张淑兰执意卖掉了儿媳妇小茜住的房子，连带自己住的房子，和另外一套房子，总共获得卖房款260多万元，还上了250万元高利贷和利息，还剩下10万元。房子卖掉后，儿媳妇小茜气得抱着女儿回了娘家，还扬言自此要跟张淑兰一家人彻底断绝关系。张淑兰过意不去，主动给了儿媳妇5万元补偿金。

房子都卖光了，张淑兰无处可去，虽有心租房子住，可当地的房租一个月好几千元，她实在是租不起，只能跑到丈夫马振山的公司，要跟丈夫一起住公司宿舍。迫不得已，张淑兰将偷偷卖掉了家里的所有房子，都给儿子马勇还了赌债的事告诉了丈夫。丈夫听后，气得当即暴揍了张淑兰一顿，还将她赶出了自己宿舍，并气呼呼地说要跟张淑兰和马勇彻底断绝关系。

张淑兰非常难过，但她理解丈夫的心情，本来老两口还指望将来靠房子养老呢，现如今都卖了，给儿子还了赌债，老两口将来怎么办还不知道。其实张淑兰也一肚子怨气，可她一个做母亲的，总不能眼睁睁地看着儿子被人碎尸万段吧。张淑兰一再哀求丈夫收留她，马振山虽是暴脾气，可还是心软，毕竟是几十年的夫妻了，他也不忍心见张淑兰露宿街头，况且妻子卖房子也是为了儿子。就这样，张淑兰住进了丈夫的宿舍。

夫妻俩挤在一间小房子里，生活很不方便。张淑兰回想起往日拥有4套房的时光，不免感慨万千，她恨儿子赌博败家，也恨自己竟然养出了这么一个败家儿子，即便儿子再不好，她心里还是时时挂念儿子。

张淑兰刚安顿下来，就想尽办法联系儿子，想告诉他高利贷都还上了，让他赶紧回来。可儿子的手机却始终关机，张淑兰甭提多着急了。

这天张淑兰突然接到一个陌生电话，一听声音是儿子马勇，心里顿时默念道，谢天谢地，儿子没事。张淑兰赶忙将卖掉了3套房，还上了250万元高利贷的事告诉了儿子，儿子听后只是"哦"了一声，然后拒绝了母亲让他回家的建议，说没脸回去，接着他又让母亲将卖房剩下的5万元钱转账给自己，并说自己已身无分文，快要露宿街头了。张淑兰一听心疼得不行，挂了电话就把钱转账给了儿子。

随后，张淑兰又去餐厅打杂了，每月拿着不足2000元的工资，连顿好饭也不舍得吃，想多攒点儿钱留着养老。可儿子马勇却不体谅她，几乎每个月都向张淑兰要钱，张口就是好几万元，说是做生意，资金紧张。张淑兰不忍心拒绝儿子，也想支持儿子干事业，便跟丈夫商量向别人借钱给儿子做生意。丈夫一听就气得火冒三丈，骂儿子是吸血鬼、败家子，誓言今后不会给儿子一分钱。张淑兰不好再说什么，便背着丈夫向别人借钱，先后借了亲戚朋友15万元，却没还过一分钱。于是愿意借钱给她的人越来越少，而儿子还在不停地要钱。

2019年春节前夕，儿子借口说要大量进货，需要大笔资金，让母亲帮忙筹钱。张淑兰一听头就大了，现如今她连1万元也难借到，这该怎么办呢？突然，张淑兰灵机一动，想到了儿媳妇小茜。莫非小茜有钱？

其实不是。这还要从几天前说起，张淑兰想念孙女，想让小茜带着孙女来看她，可小茜却以腿疼，不方便出门为由拒绝了。张淑兰对此一直耿耿于怀，如今儿子要钱，如果跟人直说是替儿子借的，估计没人肯借，因为周围人都认定儿子借钱就是为了拿去赌博。于是，张淑兰便想到了以小茜生病为由借钱，可生什么病呢，小茜不是说腿疼吗，那就说她腿断了，急需 10 万元手术费。

后来，张淑兰曾经的邻居李大妈好心将钱借给了她。这位李大妈是国企退休职工，退休金不菲，儿女又都比较有出息，不跟她要钱，因此李大妈有些积蓄，再加上人心眼好，见到别人有困难就爱帮一把。可让她没想到的是，这次竟然被骗了。

就在春节后的一次庙会上，李大妈看到小茜好端端地抱着孩子走路，一问才知，小茜的腿根本没有受伤。这可气坏了李大妈，立马打电话质问张淑兰。张淑兰担心李大妈要她还钱，慌张地挂了电话，接着又东躲西藏，怕李大妈找到她当面要钱。

愤怒的李大妈随后报了警，张淑兰被抓，被迫交代了事情的前因后果。后经民警调查，张淑兰还以同样的理由从两个朋友处借了 14 万元。

案件真相大白，很快检察院就以张淑兰涉嫌诈骗罪对其提起了公诉。

法庭上，张淑兰一再辩称，她与李大妈和朋友之间是借款，虽然假称儿媳妇小茜腿断了，可那只是借款理由，本意不是为了骗钱，因此她的行为不应属于诈骗。那么张淑兰的行为到底是借钱还是诈骗呢？

● 律师说法：以借款为名的诈骗罪 >>>

在正常借贷中，借款人因不具有非法占有借款的目的，往往会告知自己的真实情况和借款用途，很少采用欺骗的方法。

借贷型诈骗，是指行为人以非法占有为目的，通过借贷的形式，骗取公私财物的诈骗方式。借贷型诈骗在日常生活中时有发生，犯罪人通常都是披着民间借贷的面纱实施，而且多发于亲戚、朋友、熟人之间。

就本案而言，张淑兰明知自己没有偿还能力，虚构了儿媳妇小茜腿断了需要医疗费的谎言，李大妈和张淑兰的朋友们信以为真，将总计 24 万元借给张淑兰。事发后，张淑兰拒接李大妈的电话，还东躲西藏，皆是因为她自知无力偿还借款，其行为符合诈骗罪的构成要件，应以诈骗罪定罪处罚。但是，如果当初张淑兰将儿子需要钱的事，如实告诉了李大妈等人，李大妈等人又心甘情愿地将钱借给张淑兰，那么张淑兰就不会构成犯罪。

● 法条链接 >>>

《中华人民共和国民法典》

第六百六十九条 【借款人应当提供真实情况义务】订立借款合同，借款人应当按照贷款人的要求提供与借款有关的业务活动和财务状况的真实情况。

《中华人民共和国刑法》

第二百六十六条 【诈骗罪】诈骗公私财物，数额较大的，处三年以下有期徒刑、拘役或者管制，并处或者单处罚金；数额巨大或者有其他严重情节的，处三年以上十年以下有期徒刑，并处罚金；数额特别巨大或者有其他特别严重情节的，处十年以上有期徒刑或者无期徒刑，并处罚金或者没收财产。本法另有规定的，依照规定。

《最高人民法院、最高人民检察院关于办理诈骗刑事案件具体应用法律若干问题的解释》

第一条 诈骗公私财物价值三千元至一万元以上、三万元至十万元以上、五十万元以上的，应当分别认定为刑法第二百六十六条规定的"数额较大"、"数额巨大"、"数额特别巨大"。

最终，法院判决张淑兰犯诈骗罪，判处有期徒刑 5 年零 6 个月。

接到判决书，张淑兰顿时吓呆了，当庭号啕大哭，她没想到编造谎言向别人借钱竟然犯了法。同时，张淑兰做梦也没想到，自己辛辛苦苦将儿子养大，百般疼爱，到头来却养出了一个败家儿子，不但败光了家产，还将自己送进了监狱，看来老话说"慈母多败儿"，真是一点儿不假。一想到原本幸福富裕的一家，都因为儿子沉迷赌博而毁了，张淑兰的肠子都悔青了。

张淑兰的丈夫马振山在妻子被判刑后，拿出了自己的所有积蓄还给了亲朋好友，怎奈妻子欠款太多，实在是杯水车薪，而以他现在的收入，就是10年不吃不喝也还不上。马振山绝望了，一时想不开，上吊自杀了。马振山死前留下了遗书，说自己收入微薄，无力替妻子和儿子偿还亲朋好友的借款，以死谢罪。最后，马振山还说，儿子马勇已经伤透了他的心，他死也不会原谅儿子，只能拜托亲朋好友，在他死后不要将他的埋葬地点告诉儿子，更不要其前往祭拜。

后来马勇终于露面了，得知母亲因为自己进了监狱，父亲因为自己自杀后，他哭晕过去好几次。看到父亲的绝笔，马勇一下子瘫软在地，他的心像被刀扎了一样，他宁愿死的是自己。马勇知道都是自己的错，害母亲坐牢，害父亲自杀，一个好端端的家被他毁了。马勇对亲朋好友一再表示，今后会努力赚钱，争取早日还上欠款。后来，马勇应妻子小茜的要求，两人办理了离婚手续，女儿由小茜抚养。

● 案件感言：子女教育与溺爱 >>>

俗话说，"溺子如杀子"。的确如此，父母的溺爱，以为是爱孩子，其实是害孩子。分不清爱与溺爱，早晚会葬送孩子的未来。本案中的张淑兰就是一例，她以为不断满足儿子要钱的需求就是爱儿子，没想到却害了儿子，让儿子沉迷上了赌博，还连累自己进了监狱。

张淑兰的悲惨故事正应了法国著名教育家卢梭的一句话："你知道用什么方法，一定可以使你的孩子成为不幸的人吗？那就是对他百依百顺。"

"啃老"儿子毁了家

◈ 摘　要：一位老人在养老院杀了一名年轻男子，后经调查，两人竟是父子关系。众人皆惊，虎毒尚不食子，老人为何要杀亲生儿子……

◈ 关键词：虐待罪　故意杀人罪

2018年10月的一天傍晚，某派出所突然接到当地养老院的报警电话，只听报警人在电话里惊恐地喊道："一个老爷子把儿子杀了，你们快过来吧！"民警火速赶赴现场，只见在养老院房间的地板上躺着一名年轻男子，身中数刀，浑身是血，已经没了呼吸。年轻男子不远处还躺着一位老大爷，腹部也中了一刀，已经昏迷，一位老大妈抱着他的头哭得痛不欲生。很快救护车也赶到了，直接将老大爷拉去了医院抢救。

据养老院工作人员介绍，昏迷的老大爷人称老王，死亡的年轻男子是他的亲生儿子，儿子是被老王用水果刀捅死的，捅死儿子后，老王又想自杀，被周围人及时拦住。随后养老院报了警，并拨打了急救电话。

养老院的人都对父子俩的惨剧唏嘘不已。那么究竟是什么原因，让父亲老王对自己的亲生儿子痛下杀手呢？

经医生抢救，老王很快脱离了生命危险，可醒过来的老王依然情绪激动，几次求死，嘴里还不住地念叨着："我杀了儿子，我要给他偿命！"民警一再耐心劝慰，老王的情绪才平复下来，并交代了事情的来龙去脉。

早年间，老王的家境不错，自己是某国企的高管，妻子是名医生，收入都很可观。正因为此，夫妻俩对独生儿子王军从不吝啬，向来是儿子张口要什么，夫妻俩就给买什么。而在孩子的教育上，夫妻俩不但为儿子请了保姆，专门伺候儿子起居，让儿子专心学习，还为儿子请了家教，专门辅导儿子功课。儿子王军倒也不负众望，先是以优异的成绩考上了国内的一所名牌大学，后又到国外某著名大学攻读了硕士，学成后回国，应聘到了一家跨国公司工作。

读到这里，想必读者也开始羡慕老王，有这么一个优秀的儿子了吧。而老王呢，自然是骄傲得不行，逢人就夸儿子优秀。可慢慢地，老王就不再主动夸儿子了，即便别人问，他也很少主动说起儿子，还不住地唉声叹气。这又是为何呢？

原来，老王的儿子王军进跨国公司不久，就因为领导的一句批评竟然辞职不干了。后来王军换了一家大公司，又因为不善交际，受到同事排挤，愤而辞职。这次以后，王军就再也没找过工作，整日窝在家里，天天伸手向父母要钱花。王军花钱不但大手大脚，还理所当然，总说父母的钱早晚都是他的钱，他花父母的钱就是在花自己的钱。

老王怎么也没想到，顶着海归精英光环的儿子，竟然成了"啃老族"，一想到这儿他就气不打一处来，可仔细想想，儿子变成如今这样，跟老王夫妻俩此前的教育方式有很大关系。此前夫妻俩只重视儿子的学习，很少让儿子参加社会活动，因此儿子的人际交往能力很差。另外，即便儿子做错了什么事，说错了什么话，夫妻俩也很少批评儿子，生怕伤了儿子的自尊心，这才导致儿子经受不起挫折，连别人的一句批评也受不了。

老王犯了愁，总不能看着年纪轻轻的儿子就这么在家闲着吧，不行，得给儿子找件事干。老王心想，既然儿子受不了别人的批评，干脆让他自己当老板吧。而恰在这时，老王得知了一个小广告公司要转让的消息，他赶紧以儿子王军的名义接了手，还给了儿子20万元创业资金。起初儿子倒也很有兴趣，可没干几天就没有耐心了，说懒得应付烦人的客户。随后儿子把公司的事情都交给员工处理，当起了甩手掌柜，有时大半个月都不露面。广告公司惨淡经营了半年，赔了二三十万元，最后只好关门大吉。

老王对儿子恨铁不成钢，这时他想到了一句古话"成家立业"，先成家后立业。老王想，不如先给儿子娶个媳妇吧，没准有了老婆孩子后，儿子就能在事业上有所作为了。拿定主意后，老王夫妻开始到处托人给儿子说媒，很快儿子就相中了一位姑娘，身材好，人也漂亮，没多久两人就结婚了。婚后，儿子依然不去工作，儿媳妇见丈夫不工作，自己也不去工作了，学着丈夫的模样也伸手向公婆要钱。

老王夫妻甭提多郁闷了，原来只养儿子一个人，现在还要养儿媳妇。没多久，儿媳妇又生了一个大胖小子。抱上了孙子，老王本该高兴，可一想到今后养孙子的重担，又要落到老两口身上，他就愁眉不展。此后儿子一家三口的日常开销全向父母要，每月少则五六千元，多则上万元，老王夫妻成为儿子一家三口的"取款机"了。更可气的是，儿媳妇的父亲过六十大寿，儿子竟还向父母要礼钱，还张嘴就是 10 万元。老王一听就急了，想直接拒绝，又怕得罪亲家，只好勉为其难给了儿子 1 万元。不想儿子竟嫌少，说拿出去丢人，非要老王至少给 6 万元。

老王彻底恼怒了，儿子都 30 岁了，过去他们供儿子读书，给儿子钱开公司，又给儿子买车买房娶媳妇，花的钱少说也得有 300 万元。老王夫妻的积蓄早就被儿子榨干了，可儿子心里竟没数，还以为父母是取不完钱的银行。一想到这儿老王就非常寒心，生气地对儿子说："你要嫌 1 万元少，就别要，有本事自己赚钱去！"儿子听后恶狠狠地瞪了老王一眼，然后气愤地冲老王嘟囔了句"老不死的"，接着就重重地关上门走了。

儿子不仅"啃老"，还骂自己"老不死的"，老王非常痛心，心想，自己养的哪是儿子啊，分明是仇人。老王痛定思痛，决心逼迫儿子出去找工作，让自己早日摆脱被啃老的处境。可怎么逼迫儿子去找工作呢？老王想到了一个好主意。

儿子除了老婆孩子外，最喜欢自己的车，经常开着车去兜风，这辆车是儿子刚回国时，老王花了 20 多万元给儿子买的。老王就想以车要挟儿子，说如果儿子再不出去找工作，他就收回儿子的车。可儿子一直当耳旁风，老王生气了。这天他用备用钥匙打开了儿子的车，然后将车开到二手车市场，直接把车给卖了。

儿子王军知道这事后，怒不可遏，直接拿着锤子将父亲老王的车玻璃给砸了。他还不解气，又跑到父母家打砸了一通，将电视和冰箱都砸坏了。老王赶忙阻止，不想儿子急了眼，竟跟老王动起了手，还抢起一个酒瓶冲他的脑袋猛砸了下去，顿时，老王的脑袋开了花，鲜血直流。老伴吓坏了，赶忙打电话报警。随后老王被送去医院急救，儿子王军则被派出所拘留了。

老王头上的伤并无大碍，可经过这件事，老王夫妻的心被伤透了。辛辛苦苦养了30年的儿子竟然养成了白眼狼，夫妻俩暗自伤心，同时也开始反省，认为是夫妻俩早年对儿子的事情大包大揽又有求必应种下了恶果，儿子依赖老王成为习惯了，没有自立能力，就像一个巨婴，虽然早就是成年人了，可心态却还像个孩子。夫妻俩现在活着，还能供给儿子一家吃喝，可以后呢，万一夫妻俩病了或不在人世间了，儿子一家怎么办？若还不趁儿子现在年轻，赶紧给他彻底"断奶"，将来日久天长，再想改变这一切就更难了。

为了给儿子彻底"断奶"，老王夫妻决定远离儿子，让儿子再也找不到他们要钱。老王夫妻一直有个打算，那就是退休后去环球旅游，如今两人都退休好几年了，环球旅游的梦想却一直没有实现，主要是因为放不下一事无成的儿子；另外，两人的积蓄也快被儿子花光了，不够支付环球旅游的开支了。最后老王夫妻俩商量，决定卖房去完成环球旅游的心愿，剩下的钱留着老两口去养老院养老。

主意拿定后，老王出院后就直接去了房屋中介公司，要卖自己的房子，却不承想儿子王军知道父母要卖房，再次找上门来，说房子是自己的，父母不能卖。老王一听就火了，这房子是自己买的，房产证上写的也是自己的名字，儿子凭什么说是他的呢？

原来，儿子的意思是，父母死后房子就是他的，他要求父母必须将房子留给他继承，现在不能卖。儿子还放狠话说，如果父母执意卖房，他将来就不为父母养老。老王听后一阵冷笑，他们夫妻早就不指望儿子养老了，儿子将来若能养活自己一家三口，他们就知足了。老王根本不把儿子的威胁当回事，还冲儿子大喊道："我的房子我做主，我爱卖就卖，你管不着！"儿子急了，又要跟父亲老王动手，老伴一看情况不好，赶紧使出浑身力气将儿子推出了家门。

为防儿子因为卖房一事再上门吵闹，老王果断降价卖房，很快房子就卖了出去，所得卖房款320万元。随后，老王夫妻就用这些钱开始了环球旅游之旅。经过一年多的时间，两人想去的地方基本上都去遍了，钱也花得差不多了，于是两人又回到了家乡，在当地找了一家条件较好的养老院住下了。

老王夫妻打算以后就在养老院安享晚年了，可没想到王军三天两头去打扰他们清净的生活。其实老王夫妻在外旅游期间，儿子就没少给夫妻俩打电话，起初两人还偶尔接听电话，可电话刚接听，儿子就怒气冲天地冲老两口大喊，让他们把卖房钱转账给他。夫妻俩一听儿子满脑子想的还是向父母要钱，很生气，就再也不接儿子电话了。后来就算夫妻俩回到家乡，入住养老院，都没跟儿子说一声。

虽然老王夫妻不愿搭理儿子，可心里还是时时挂念儿子一家的，经常会向亲戚朋友打听儿子一家的近况。听说儿子在父母走后试着找了几份工作，但都没干长久，靠着四处借钱度日，夫妻俩经常吵架。老王夫妻听后既失望又心疼，他们是做梦也没想到，此前因为成绩优秀让他们无比自豪的儿子，在走上社会后竟变成了一个废人。有时夫妻俩心疼儿子一家，就给儿子的银行卡里转些钱。可俗话说"救急不救穷"，他们现如今只有微薄的养老金，还要缴纳养老院的高额费用，所剩也不多。

老王夫妻是做梦都希望儿子赶紧找份正式的工作，好好干下去，一家人好好过日子，可惜那只是他们的一厢情愿。这天晚上，老王夫妻正在屋里看电视，突然听到急促的敲门声，只听来人高喊道："老不死的，快开门！"老王一听声音就知道是儿子王军找上门了，想必是儿子从亲戚朋友那里打听到了他们的住处。老王只好皱着眉头开了门。

儿子一身酒气地走了进来，一屁股坐到沙发上，又将双脚放到了茶几上。老王问儿子来干什么，儿子听后先是哼了一声，接着阴阳怪气地说："你说我来干什么？当然是要卖房钱！你把该留给我继承的房子卖了，难道还不想给我钱吗？"老王一听儿子又提起了卖房钱，当时火气就上来了，冲儿子喊道："我的房子我做主，卖房钱一分都不会给你！"儿子也恼了，一脚踹翻了茶几，说今天拿不到卖房钱就不走了。老伴赶忙对儿子解释说，卖房钱都被他们环球旅游花光了，现在他们手里没钱。可儿子却说，不管父母有没有钱，即便去借，也要把卖房钱凑齐给自己。

老王的肺都快气炸了，他上前狠狠地给了儿子一巴掌，冲儿子怒吼道："我打死你个白眼狼！我们养了你30年，供你读书、留学、娶媳妇，这还不够吗？"老王本以为自己这么说，儿子会感到羞愧，可不想儿子不但一脚将老王踹倒在地，还理直气壮地大喊道："你们生了我，就要养我一辈子！"说罢还用脚猛踢老王。老伴赶忙阻止，也遭到了儿子的拳打脚踢。因为动静太大，养老院的保安很快赶了过来，这才阻止了王军继续对父母施暴。随后，王军被保安驱赶出了养老院。

经过这件事，老王对儿子彻底寒透了心，都说"养儿防老"，而他们的儿子王军呢，竟然要他们老夫妻养一辈子。老王再也不想见到这个不争气的儿子了，可儿子哪是他不想见就不见的？自从上次找上门后，儿子就隔三岔五地到养老院找父母要卖房钱，不给就对父母非打即骂。

一次，儿子王军竟然拿着一根木棍冲进了父母的房间，进门就冲父母大喊："这回再不给钱就打死你们！"说罢将木棍在父母面前晃了晃。老两口吓得浑身打哆嗦，哭了起来。老王只觉得浑身发冷，眼前的哪是亲生儿子啊，分明是有血海深仇的仇人。老王一生气就豁出去了，一边用头撞儿子，一边冲儿子高喊："你打！你打！朝我脑袋打！"见儿子王军迟疑了一会儿，老王以为儿子并不敢打死自己，却不想紧接着儿子就抡起木棍朝老王的身上乱打起来，很快老王倒在地上，疼得满地打滚，幸亏老伴拼尽全力拉住了儿子，并喊来养老院保安相助，不然老王性命堪忧。随后养老院拨打了急救电话，并报了警，老王很快被送往医院救治，而儿子王军直接被民警拘留了。

经诊断，老王断了一根肋骨，内脏轻微出血。躺在病床上，老王拉着老伴的手掉下了眼泪，看来儿子已经丧心病狂到认钱不认爹娘的地步了，照这样下去，老两口早晚要被儿子打死。这该怎么办呢？老两口实在过够了整日担惊受怕的日子，他们想着，要是有人能约束下儿子的行为就好了，可谁有能耐管得了儿子呢？这时他们想到了法律。老王夫妻就儿子王军的行为咨询了律师，律师认为王军涉嫌虐待罪。那么什么是虐待罪？王军的哪些行为符合虐待罪？

● 律师说法：虐待罪 >>>

虐待罪是指经常以打骂、禁闭、捆绑、冻饿、有病不给治疗、强迫过度体力劳动等方式，对共同生活的家庭成员进行肉体上、精神上的摧残、折磨，情节恶劣的行为。

这里所说的"虐待"，具体是指经常以打骂、冻饿、捆绑、强迫超体力劳动、限制自由、凌辱人格等各种方法，从肉体、精神上迫害、折磨、摧残共同生活的家庭成员的行为。

虐待行为有别于偶尔打骂或体罚，行为的明显特点是：经常甚至一贯进行的，具有相对连续性。虐待行为必须是情节恶劣的才能构成犯罪。情节恶劣，指虐待的动机卑鄙、手段凶残；虐待年老、年幼、病残的家庭成员；或者长期虐待、屡教不改的；等等。致使被害人重伤、死亡，是指由于被害人经常地受到虐待，身体和精神受到严重的损害或者导致死亡，或者不堪忍受而自杀。

本案中，王军多次辱骂、殴打亲生父母，还打断了亲生父亲老王的一根肋骨，情节非常恶劣，其行为符合虐待罪。

《中华人民共和国民法典》

第一千零四十二条 【婚姻家庭的禁止性规定】禁止包办、买卖婚姻和其他干涉婚姻自由的行为。禁止借婚姻索取财物。

禁止重婚。禁止有配偶者与他人同居。

禁止家庭暴力。禁止家庭成员间的虐待和遗弃。

第一千零四十三条 【婚姻家庭的倡导性规定】家庭应当树立优良家风，弘扬家庭美德，重视家庭文明建设。

夫妻应当互相忠实，互相尊重，互相关爱；家庭成员应当敬老爱幼，互相帮助，维护平等、和睦、文明的婚姻家庭关系。

《中华人民共和国刑法》

第二百六十条 【虐待罪】虐待家庭成员，情节恶劣的，处二年以下有期徒刑、拘役或者管制。

犯前款罪，致使被害人重伤、死亡的，处二年以上七年以下有期徒刑。

第一款罪，告诉的才处理，但被害人没有能力告诉，或者因受到强制、威吓无法告诉的除外。

老王听完律师的解释，当即就委托律师代自己向法院起诉儿子犯虐待罪。法院立案后，儿子王军不久就接到了法院传票。

老王本以为儿子知道自己把他告上了法庭，会因为害怕受到刑罚，收敛一下自己的行为，甚至还可能会向父母承认错误，乞求原谅。可惜事实却与老王的想象背道而驰。

这天傍晚，老王正在养老院花园里跟人下棋，突然有人对他高喊道："老王，不好了，你儿子又来了！"老王顿时一惊，手里的棋子都掉到了地上。他赶忙起身，慌慌张张地向自己的房间走去，还没走到门口，老王就听见了妻子撕心裂肺的哭喊声。老王快步走进屋，只见妻子披头散发坐在地上，满脸泪水，儿子王军正对她拳打脚踢，嘴里还不住地叫嚣着："你们竟然敢告我，是活腻了吧!"老王顿时大怒，这样任由儿子打骂的日子他真是过够了，突然他有了要跟儿子同归于尽的想法，于是他顺手拿起茶几上的一把水果刀，拼尽全力地朝儿子的腹部疯狂刺去，一刀又一刀，直到儿子倒地不起。

老王看着地上痛苦呻吟的儿子，无限悲凉，他和妻子总算可以摆脱儿子这个吸血鬼了，可却是通过杀了儿子这种方式。老王知道杀人要偿命，只是舍不得妻子，在跟妻子说了几句保重后，他突然将水果刀朝自己的腹部刺去，正要刺第二刀时，被妻子死死地抱住了胳膊，夺下了水果刀。老两口抱头痛哭，没多会儿老王就昏迷了过去。老王妻子让身边的人赶紧报警，叫救护车。接着便发生了本案开头的一幕，民警接到养老院报警，赶到现场时儿子王军已死，老王昏迷。随后老王被救护车送到医院抢救，很快苏醒。

经法医鉴定，王军是因为被刺器刺穿腹部肠系膜根部血管，引起失血性休克而死。

儿子意外死亡后，老王状告儿子虐待罪的案子终止了。

随后，检察院因老王涉嫌故意杀人罪向法院提起了公诉。

法院审理认为，老王作案后，自杀未遂，醒来后无拒捕行为，还如实供认了犯罪事实，可视为自首，且被害人王军的母亲、妻子都对其表示谅解，请求对其从轻处罚。法院依法对其从轻处罚，判决：老王犯故意杀人罪，判处无期徒刑，剥夺政治权利终身。

老王对儿子的死非常自责，后悔一怒之下杀了儿子，同时他更后悔早年教育儿子的方法不对，什么都大包大揽，结果让儿子丧失了自食其力的能力。

● 案件感言：家庭教育的溺爱与真爱 >>>

父母是孩子的第一任老师，也是最好的老师，家庭教育的责任重在教孩子做人与做事。时时都在父母庇护下长大的孩子，最容易被困难压倒，走上社会后，一旦遇到挫折，就可能一蹶不振。本案中的儿子王军，虽是海归精英，却连别人的一句批评的话都接受不了。

另外，娇惯纵容，对孩子的错误避重就轻，会让孩子长大后根本意识不到自己的错误，而这些被精心伺候的"小皇帝"，长大后很可能会变成可怕的"大恶魔"。本案中的王军就是一例。

婆婆雇凶杀儿媳妇

◈ **摘　要**：一妇女在小区门口被杀，凶手随后被捕。据凶手供述，他是被雇佣杀人，而雇他的人竟是死者的婆婆……

◈ **关键词**：主犯与从犯　共同犯罪　故意杀人罪

2016 年 5 月的一天夜里，某市一小区发生了一起命案，一年轻妇女刚走到小区门口，就被一蒙面男子连刺了几刀。见妇女倒地，行凶男子随即骑上摩托车逃之夭夭。附近行人赶紧打电话报警，不幸的是，救护车赶到时，被刺妇女已因失血过多而死亡。

民警随后调取了附近的监控视频，但因男子蒙着面，又正值天黑，视频能提供的信息有限。但是能确认的是，男子上身穿黑色 T 恤，下身穿黑色长裤，身高一米八左右，微胖，留着平头，左手臂上有一个文身，据目击者称，文身形状像是一条青龙。民警随即向全城的警员发布了这条消息。

随后，民警用死者的手机联系了她的家人，很快死者的丈夫赶到，他趴在妻子身上痛哭不已。民警向他了解死者生前是否跟人结过仇，死者丈夫不住地摇头，一再说妻子性情温和，与人争执都很少见，更不会与人结什么仇。民警又接着问死者为何晚上一人外出，死者丈夫告诉民警，妻子是附近一所中学的教师，名叫王慧，晚上她跟几个同事相约一道聚餐，没想到会遇害。民警随即决定第二天到学校去调查，可没想到当晚凶手就意外落网了。

行凶者名叫强子，是当地的一个小混混，无正当职业，爱好赌球，之前还曾因犯赌博罪被判过刑。当天晚上，强子行凶后便辗转回了家，因担心错过一场足球赛事的直播，他来不及丢弃血衣和凶器，就径直跑到一家地下赌场去赌球了。凌晨时分，民警执行抓赌任务，将全赌场的人全部带到了派出所。因强子的发型和体型，以及左手臂上的文身，跟刚发生的小区命案凶手很匹配，民警对他产生了怀疑，随即对他进行了讯问。强子先是矢口否认，后看到民警从他家中搜出来的血衣和凶器，才不得已承认是他作案的。不过，据强子交代，他并不认识死者，跟其更无冤仇，之所以行凶，是有人花钱雇他这么做的。

警方没想到这竟是一起雇凶杀人案，那雇凶者又是谁呢？答案让所有人都大吃一惊，此人竟是死者的婆婆！很快警方将婆婆抓捕归案。据婆婆供述，她是因为太恨儿媳妇才心生杀心的，而之所以恨儿媳妇却又是太爱儿子的缘故。

婆婆名叫孙淑红，今年57岁，是一家企业的中层领导，她性格强势，作风高调，在家也不收敛，10多年前，丈夫忍无可忍向她提出了离婚。离婚后，对婚姻失望的孙淑红没有再婚的打算，她将全部精力都倾注到了唯一的儿子李海身上。儿子的任何小事对孙淑红来说都是天大的事，儿子感冒了，她陪在儿子身边几天不眠不休；儿子学习成绩下降了，她出高价给儿子找最好的家教；儿子上大学住校了，她每个周末都会坐半天的火车赶去看望儿子。就如同地球围着太阳转圈一样，儿子就是孙淑红生活的轴心。

儿子李海在母亲的百般呵护下逐渐长大成人，大学毕业后，他通过了公务员考试，成了公职人员。孙淑红高兴地想，儿子长得好，工作好，家境好，又是名牌大学毕业，将来一定能找个门当户对又十全十美的媳妇。孙淑红的愿望是好的，可要找媳妇的是儿子不是她。一年前，当儿子将王慧领回家时，孙淑红感觉天都塌了。

据儿子李海介绍，他跟王慧是在一次公益活动上认识的。当时他跟随领导到敬老院去探望孤寡老人，正好碰到王慧带着一帮学生也在敬老院，帮助老人们打扫卫生。李海见王慧不但气质脱俗，开朗大方，待人真诚，还带头给老人们捐款捐物，便喜欢上了她，随即对她展开了追求，不久两人便成了恋人。确定关系后，李海便带着王慧回家见母亲，没想到却遭到了母亲孙淑红的反对。

在孙淑红看来，王慧虽然长相不错，也是大学毕业，但出身平凡，父母都是普通工人，王慧也只是个中学教师，这都跟孙淑红选儿媳妇的标准差了一大截。她很生气，在了解了王慧的基本情况后就下了逐客令，并说王慧根本配不上儿子。王慧伤心地走后，儿子李海也要跟着走，被孙淑红拦了下来，还将他锁在房间里。

孙淑红认为，让儿子忘掉王慧的最好办法就是给儿子再找个更好的姑娘，这在她看来这并不是什么难事。紧接着，孙淑红就到处托人给儿子介绍对象，介绍的人很多，有的是高干女儿，有的是留学生，有的家庭很富裕，不到一个星期，孙淑红就搜罗了 10 多个女孩子的照片。她将照片拿给儿子过目，挑选中意的见面，可儿子却连看都不看一眼，还说跟谁结婚是自己的事，母亲无权干涉。孙淑红一听就怒了，当即给了儿子一巴掌，继而恼怒地说，要不是自己含辛茹苦 20 多年，儿子怎么会有今天，既然儿子的今天是自己给的，那儿子的未来，自己就有权干涉。说完，孙淑红竟不由自主地哭了起来。

孙淑红想，儿子忤逆自己一定是王慧唆使的，只要王慧还跟儿子有联系，儿子就不会对别的女孩动心，因此她决定先将王慧从儿子身边弄走。

在孙淑红的人生哲学里，没有钱办不到的事，因此用钱开路是她一贯的做法。孙淑红到学校找到王慧，未说话就先将 10 万元摆到桌上，然后说只要王慧答应以后不再纠缠自己的儿子，这些钱就归她了。不想王慧不为所动，还说她跟李海的感情不是用钱能衡量的。孙淑红起初以为王慧是嫌少，于是又加码到 20 万元，没想到王慧还是坚持不要，非但如此，还说孙淑红侮辱了她，一怒之下让保安将孙淑红赶出了学校。

孙淑红还从未见过这么不识抬举的人，心里很窝火，不想这时儿子又在她心口添了一把火。孙淑红回到家后正看到儿子在打包衣物，说不想再生活在母亲的掌控下了，要搬出去住。孙淑红大吃一惊，她跟儿子相依为命 20 多年，从未想过将来有一天儿子会离开她，即便儿子结婚后，她也是计划着要跟儿子和儿媳妇一起住的。孙淑红感觉自己的心就像被摘走了一样，她发疯一样抢夺着儿子手中的衣物，说什么也不让儿子搬走。儿子见母亲如此，便向母亲提出了继续留下来的条件，那就是允许他跟王慧结婚。

孙淑红听后差点气昏过去，大骂儿子是鬼迷心窍，不识好歹。可儿子却坚定地说，自己这辈子要是不能娶王慧，就一辈子不结婚。孙淑红没想到儿子这般固执，她理解不了两人的爱情，不过有一点儿她很清楚，如果她不答应，儿子很快就会离开她。思量再三，孙淑红答应了两人的婚事，条件是儿子要答应她永远不搬出去住。儿子李海爽快答应了，毕竟家里的房子是四室两厅，足够宽敞。

2015 年重阳节，李海和王慧举行了结婚仪式。仪式上，两人都乐开了花，可孙淑红却一脸铁青，十分不高兴。婚后，小两口就跑到海南三亚度蜜月去了，两人的恩爱照片和视频贴满了微信朋友圈，这让孙淑红看着很不是滋味。之前，儿子的朋友圈贴得可都是母子俩的温馨照片，孙淑红竟有种被抛弃的感觉，而更让她抓狂的是，这种日子才是开始。

虽然王慧成了孙淑红的儿媳妇，可在孙淑红的内心里从未将她当成儿媳妇，而是将她当成了偷走儿子的敌人，而对待敌人，孙淑红是从不客气的。自从儿媳妇进门后，孙淑红就几乎再没做过家务，儿媳妇成了她的丫鬟，她对此心安理得甚至是理直气壮，因为她认为儿媳妇就该伺候婆婆。儿子李海看不过去，就主动帮妻子干家务。这下孙淑红更来气了，之前儿子可是从不帮自己干家务的！另外，儿媳妇还是孙淑红的出气筒，稍有不顺心她就会对儿媳妇一顿臭骂，起初是从家务上挑毛病，后来升级到所有的不顺心都归罪于儿媳妇。

2016 年 1 月，孙淑红在公司的年终考核中排名垫底，失分最多的是人际关系搞得不好，这让她很没面子。按理说她该反省自己高高在上自以为是的工作作风，可她却将责任推给了儿媳妇，因为她专横跋扈的作风是一贯的，而考核垫底却是第一次。

当天孙淑红气呼呼地回到家，坐在沙发上生闷气。这时儿媳妇递给她一杯热茶，她接过来没试温度就猛喝了一口，不想茶太烫了，孙淑红感觉舌头都被烫坏了。她气急败坏，将剩下的热茶全朝儿媳妇的脸上泼去，紧接着，她又一手死命地拽住了儿媳妇的头发，一手对儿媳妇的脸狠狠掌掴起来，一边打还一边大骂儿媳妇是"扫帚星"。这时儿子李海正好赶到家，看到这一幕，赶紧救下了妻子，并护送妻子去医院治疗烫伤。

孙淑红出了口恶气，可儿媳妇脸上的水泡却心疼坏了儿子，他对母亲说，他要和妻子搬出去住。孙淑红为挽留儿子，不得不勉为其难地许诺今后会善待儿媳妇。不过虽然嘴上许诺了，可她心里却一百个不情愿，儿子处处偏袒儿媳妇，心里早就把她这个老妈丢到一边了。因此孙淑红认定儿媳妇就是偷走儿子的强盗，而只有赶走儿媳妇，才能挽回儿子对自己的爱，而要赶走儿媳妇，就得先断了儿子对儿媳妇的爱才行。

几天后的一个晚上，孙淑红敲开了儿子和儿媳妇卧室的房门，紧张地说，她的一条黄金项链不见了，要到这儿找找看。儿子和儿媳妇觉得意外，但没阻拦。孙淑红便开始翻箱倒柜地找，不一会儿就从儿媳妇的一叠衣物下面找着了。有了物证，孙淑红便大骂儿媳妇是小偷，还要用手机拨打110报警，让警察将儿媳妇抓走。儿子李海见状，一把夺过母亲的手机，并声称项链是自己拿的。孙淑红这下傻眼了，项链本是她故意放儿子卧室栽赃儿媳妇的，不想儿子却出来顶包了，她只好作罢，总不能把儿子送进派出所吧。

打骂不行，栽赃也不行，孙淑红觉得很受挫败，终日生闷气，而就在这时，她又从儿子口中得知了一个惊天的消息。

2016年4月底的一天，李海告诉母亲孙淑红说，他已经按揭买了一套二手房，准备过了"五一"就和妻子搬过去住，不再和母亲同住。孙淑红听后如同遭了晴天霹雳，她提醒儿子，曾经答应过她永远不搬出去住的，现在为何出尔反尔？儿子无奈地说，自己是答应过不搬出去住，可母亲也答应过要善待王慧，但母亲却用栽赃的手段想把王慧送进监狱，有这么当婆婆的吗？孙淑红拒不承认，这时儿子拿出了笔记本电脑，给母亲放了段视频，视频清晰地录下了孙淑红将项链放到王慧衣服下的整个过程。

原来，当时李海就在家跟好友视频聊天，母亲进来放项链时他正好去了厕所，而等他回来时母亲已经走了，所以母亲放项链一事他当时并不知情。当天晚上母亲诬陷妻子偷了项链时，李海觉得不可信，为了不使家庭矛盾升级，他便主动揽下了偷项链的罪名。妻子非常委屈，哭到大半夜，一再说早上收拾衣物时还没看到项链。李海觉得事有蹊跷，便想起了当天一直开着的 QQ 视频，他有个习惯，喜欢保存 QQ 视频，于是便逐一查看，终于看到了母亲栽赃王慧的画面。孙淑红看过视频后无言以对，她知道现在说什么也没用了，儿子已经完全不相信她了。

"五一"假期到了，李海和妻子又外出旅游去了，他们走得很匆忙，竟连问都没问孙淑红要不要一起去。孙淑红一个人守着空荡荡的大房子，躺在沙发上不住地流眼泪，辛苦了 20 多年，好不容易盼到儿子成家立业了，本以为就此可以享受天伦之乐了，没想到却落得个孤独终老的下场，想想都让她觉得可怕。

对未来生活的迷茫，让孙淑红对儿媳妇王慧的恨达到了极点。她认为是儿媳妇夺走了她的天伦之乐，既然赶不走儿媳妇，那就只有杀了儿媳妇这一条路了。孙淑红并不想亲自动手，她相信有钱能使鬼推磨，只要给钱总有人愿意代劳。

随后，孙淑红开始在网络上寻找杀手。恰在这时，强子的一个帖子吸引了她，帖子上写道，无恶不作的职业打手。孙淑红随即联系了强子，询问强子具体都可以帮人做什么事。强子回答说，打人、杀人、放火，只要给钱，什么都可以做。孙淑红忙问杀一个人的价钱，强子报价10 万元，而且要先付一半。孙淑红立马答应，接着便跟强子说明了自己要杀的人是自己的儿媳妇，还给强子发了一张儿媳妇的照片。交易达成后，孙淑红很快给强子转账了 5 万元，并告诉强子等待自己的下一步指示。

儿子和儿媳妇刚旅游回来，就开始忙着整理衣物，准备搬家。看着神采奕奕的儿媳妇，孙淑红一扫杀人的罪恶感，她觉得儿媳妇死有余辜。几天后的一个晚上，儿媳妇王慧要去参加一个同事聚会，大约 9 点钟回家。孙淑红认为这是杀儿媳妇的最佳时机，便通知强子，让他蹲守在小区门口附近，见儿媳妇出现便行动。

时机虽然不错，可仍有一个问题，那就是但凡儿媳妇晚归，儿子李海都是要亲自开车去接的，因此孙淑红必须想办法拖住儿子才行。眼看到 8 点半了，孙淑红故意捂着肚子在客厅里大叫起来，说是胃病犯了，疼得要死，要儿子李海送她去医院。李海见母亲难受的样子只好打电话让妻子晚点打车回家，自己则开车送母亲去医院。

就在孙淑红在医院检查身体之际，王慧结束了聚会，打车回到了居住的小区。接着便发生了本案开头的一幕，王慧刚走到小区门口就被躲在附近的强子刺死，强子随即逃离现场，好赌球的他随后又跑到地下赌场，不想却阴差阳错地被民警带到了派出所。

民警从体貌特征判定，强子很可能就是杀人凶手，随即对强子展开了讯问，并搜查了强子的家，搜出了强子作案时的血衣和凶器。强子在铁证面前不得不据实招认，供出了雇凶者孙淑红。民警随即前往医院将装病的孙淑红抓获，孙淑红没想到案件会破得这般神速，看到民警的那一刻，她惊呆了，随即在医院里号啕大哭起来，至此还大骂王慧是"扫帚星"，摧毁了她的生活，因为若不是王慧成了她的儿媳妇，她也不会成为杀人犯。

得知案件真相后，李海震惊得久久说不出一句话，一夜之间失去两个最爱的人自然令人痛心，而更令他痛心的是，两个人都是因为太爱他的缘故，才一个横尸街头，一个深陷牢狱。

李海在单亲家庭中长大，母亲孙淑红非常强势，从小所有的事都必须按母亲的意志去办，他根本没得选择。母亲的为人处世很多方面他并不赞同，有时还很反感，可毕竟是自己的母亲，他只能默默承受。可李海知道，婚姻大事是一辈子的事，无论如何都要他自己做主。王慧是个漂亮、善良、温柔的女孩，自两人相识后，他深深地爱上了王慧，他认定王慧是自己理想的伴侣，就应该将她娶回家，因此他不惜一再忤逆母亲的意思，最终母亲在他的离家威胁下同意了他跟王慧的婚事。

在李海看来，婚后，妻子王慧已经对母亲极尽孝道了，外出旅游和逢年过节都不忘给母亲买礼物，平时的家务也全包了，可却仍然没能讨得母亲欢心。为此，妻子背地里没少掉眼泪。李海知道母亲强势惯了，一时难改，便劝妻子多担待母亲。可在项链风波后，李海意识到，母亲对妻子的敌视超过了他的想象，他不知道继续住在一起，母亲还会对妻子做出什么疯狂的事。为了不让妻子再受委屈，也为了缓解妻子和母亲的矛盾，李海便跟妻子商议搬出去住。李海以为母亲能理解，没想到母亲非但不理解，竟然还对妻子痛下杀手。

李海恨母亲毁了好端端一个家，也恨自己不该光顾着跟妻子亲近，而忽略了母亲在感情上的需要。此时他才意识到，母亲强悍的外表下，有着一颗强烈需要被爱的心。

案件真相大白，检察院很快就以涉嫌故意杀人罪对孙淑红和强子提起了公诉。法庭上，强子为减轻自己的责任，说自己跟死者无冤无仇，是听从了孙淑红的指挥才干下了糊涂事，并一再宣称孙淑红是主犯，自己只是从犯，应从轻处罚。那么什么是主犯？什么又是从犯？怎么区别呢？

● 律师说法：主犯和从犯 >>>

主犯是指组织、领导犯罪集团进行犯罪活动或者在共同犯罪中起主要作用的犯罪分子。而从犯是指在共同犯罪中起次要或者辅助作用的犯罪分子。主犯与从犯是依附关系，比较而言，地位上，从犯从属于主犯；作用上，从犯起次要或辅助作用。

我们回到本案中，被告人孙淑红提出犯意、雇佣他人行凶。被告人強子受孙淑红雇佣、实施杀人行为，两人属于共同犯罪，主、从关系不明显，不存在主犯和从犯的情形。被告人强子辩称自己是从犯的理由不成立。

● 法条链接 >>>

《中华人民共和国刑法》

第二十五条　【共同犯罪的概念】共同犯罪是指二人以上共同故意犯罪。

二人以上共同过失犯罪，不以共同犯罪论处；应当负刑事责任的，按照他们所犯的罪分别处罚。

第二十六条　【主犯】组织、领导犯罪集团进行犯罪活动的或者在共同犯罪中起主要作用的，是主犯。

三人以上为共同实施犯罪而组成的较为固定的犯罪组织，是犯罪集团。

对组织、领导犯罪集团的首要分子，按照集团所犯的全部罪行处罚。

对于第三款规定以外的主犯，应当按照其所参与的或者组织、指挥的全部犯罪处罚。

第二十七条　【从犯】在共同犯罪中起次要或者辅助作用的，是从犯。

对于从犯，应当从轻、减轻处罚或者免除处罚。

最终法院审理认定，两人犯故意杀人罪成立，强子被判处死刑，剥夺政治权利终身，鉴于孙淑红未直接参与实施行凶杀人的犯罪行为，故对其判处无期徒刑。

听到判决，孙淑红后悔不已，因为不想儿子离开自己居住，自己狠心杀了儿媳妇，如今只能到牢房里度过余生了，她曾经无数次想象过的天伦之乐，如今都化作了泡影。

强子是因为好逸恶劳又好赌球，才在金钱的诱惑下走上犯罪道路的。他非常痛恨自己被金钱迷了心窍，如今也因此赔上了性命，而他的那些赌友，有的被行政拘留，有的被以赌博罪判了刑。

独生子女家庭的父母，往往以孩子为生活中心，久而久之会对孩子产生依赖心理，一旦孩子长大独立，父母就有可能产生"爱过剩"的问题，轻则心理失落，重则焦虑，心绪不宁；严重的还会产生"恋子"或"恋女"情节，影响子女未来的婚姻生活。本案中孙淑红就是一个极端的例子，竟跟儿媳妇争夺儿子的爱，最终走上了犯罪的道路。

● 案件感言：母爱与婆媳关系 >>>

爱的问题还是应该用爱的办法去解决，作为子女应该树立反哺之心，多和父母沟通、交流，用爱的方式解开父母的心结。同时，作为丈夫也应该在婆媳矛盾中承担起沟通桥梁的作用，绝不能等闲视之，看着两个爱自己的女人闹矛盾而不去积极化解，最终的结果不是家庭破碎，就是婚姻破裂，或者两者都有，本案中的李海就是一个。当然，婆婆孙淑红强势的性格也是导致悲剧发生的原因之一，过刚易折，家庭生活不是论强弱的地方，爱、包容和理解才是和谐家庭所必须具备的元素。

凶悍的婆婆虐打儿媳妇

◈ 摘　要：俞萍请婆婆来看孩子，不想婆婆竟成了她的噩梦，经常对她家暴。为保护自己，俞萍申请了"人身安全保护令"，可婆婆根本不当回事……

◈ 关键词：人身安全保护令　家庭暴力

2016年5月的一天，俞萍正在家整理衣物，突然急促的敲门声响起，她赶忙去开门。来访者是她的婆婆，婆婆进门后不由分说地就对俞萍一阵暴打，娇小的俞萍毫无招架之力，被打得鼻青脸肿。俞萍一边忍受着毒打，一边忍受着婆婆的谩骂。婆婆最后对俞萍叫嚣道："你如果不赶紧跟我儿子离婚，看我以后怎么收拾你！"说完，"砰"的一声关上门，离开了俞萍家。紧接着，婆婆直接乘坐高铁返回农村老家。

因为是自己婆婆，而且已经离开了自己的家，俞萍并没有报警。可不承想此后的一个多月，俞萍竟又多次遭到婆婆找上门的突然袭击，打完之后婆婆就乘坐高铁返回农村老家。

婆婆为何要干涉儿媳妇俞萍的婚姻，而且还要用暴力的方式？儿媳妇为何不加以反抗呢？要弄清事情的原委，我们还要从两人住在一起后说起。

2015年春节刚过，俞萍的丈夫王海就被公司派到了外地，临行前，王海将母亲杨冬梅接过来，帮着照看才几个月大的女儿。王海一再交代俞萍对母亲要多担待，俞萍认为丈夫多虑了，她自认忍耐力超强，绝不会得罪婆婆。可事实证明，她太高估自己了！

这是婆婆第一次到家里来，因为之前丈夫不知什么原因总不愿让她来，所以两人从未在一起生活过。婆婆杨冬梅 50 多岁，身材略微发胖，面相凶恶，还有一副大嗓门，每次说话都像吵架似的。婆婆似乎对俞萍总有很多不满意的地方，不是房间太乱，就是菜太咸，或是回家太晚。一次，因为俞萍没按婆婆的意思，给女儿买便宜的国产奶粉，而是买了昂贵的进口奶粉，婆婆就唠叨了俞萍好半天，最后竟还升级为谩骂，说俞萍不会过日子，是个丧门星，迟早要败家。

俞萍起初认为这是婆婆的更年期焦虑表现，也不跟她计较，可接下来发生的事，让她觉得婆婆似乎有些焦虑过头了。

2015 年 5 月的一天，俞萍收拾房间时不小心撞翻了一瓶装饰用的七彩玻璃球，玻璃球落地后在地板上乱滚起来。客厅里的婆婆听到动静后赶来查看，不料正好踩到了两颗玻璃球，当场滑倒。俞萍见状赶紧扶起婆婆，生怕她摔坏了，可婆婆非但不领情，还骂俞萍是成心要加害她。俞萍对婆婆妄加的罪名大感意外，不过她没多想，先送婆婆去医院才是当务之急。

俞萍将女儿交给邻居照看，自己则开车带着婆婆去了医院。一路上，婆婆骂个不停，这让俞萍很心烦。虽然一再解释自己不是成心的，可婆婆根本听不进去。好在经过检查，婆婆并无大碍，静养几日即可。俞萍想着事情过去了也就算了，可不承想婆婆似乎自此跟她结了大仇似的，大有要报复的架势。

一周后的一天，俞萍正跟婆婆吃晚饭，吃着吃着，俞萍就吃不下去了，因为米饭有些硌牙，她本是好心要提醒婆婆以后淘米时多淘几遍，不料看似再普通不过的几句话，竟让婆婆大动肝火。婆婆当时就站了起来，一把掀翻了饭桌，大声叫喊道："不想吃就别吃，我还不伺候呢！"说罢转身回了卧室。

俞萍被此情景吓愣了，看着碎了一地的碗碟和满地的饭菜，她意识到，婆婆这岂止是更年期的焦虑啊，简直是丧心病狂，她不禁心中害怕。收拾完满地狼藉后，俞萍心情沉重地回到了卧室，随后拨打了王海的电话，讲述了刚才发生的事情。

凶悍的婆婆虐打儿媳妇

之前，俞萍因不想王海分心，一直隐忍着婆婆的挑剔和谩骂，从未向王海抱怨过，可现在她的确有些害怕和担心。王海对妻子的境遇很理解，毕竟自己母亲什么样，当儿子的怎能不知道呢，这也是他一直不愿让母亲到家来帮忙的原因。王海在电话里安慰妻子说，他一会儿就跟母亲打电话，让母亲给俞萍认错，今后两人好好相处。

俞萍想不明白，她一直小心翼翼地侍奉着婆婆，并没有得罪婆婆的地方，可婆婆为什么就这么讨厌她呢，很快她就知道了答案。俞萍刚挂了电话，就听见婆婆在隔壁房间大声嚷嚷道："你个不孝子，娶了媳妇忘了娘，她想害我，你还护着她？"俞萍一听就知道婆婆在骂丈夫，两人在电话里吵嚷了半天，最后婆婆不耐烦地挂了电话。

俞萍正想着丈夫的这通电话是否有效果，就见婆婆拿着一把笤帚推门而入，冲着俞萍就是一阵乱抽，一边抽打一边大声嚷嚷道："没本事生个男孩传宗接代，倒有本事告状，我让你告状！"俞萍震惊了，原来婆婆是嫌自己生了女儿。自小娇生惯养的她哪见过这架势，赶紧左躲右闪，可还是挨了不少打。最后婆婆警告俞萍说，如果俞萍再敢在自己儿子跟前多嘴，她就把俞萍的嘴撕烂。说完，婆婆悻悻地出去了。因为刚才动静太大，女儿被吵醒了，大哭不止。俞萍将女儿抱在怀里，跟女儿一起哭了起来。

当晚俞萍想了很多，她不打算将被殴打的事告诉丈夫，倒不是因为真怕了婆婆，而是为了不为难丈夫。公公10年前去世，此后丈夫就跟婆婆相依为命，俞萍想着，自己和婆婆都是丈夫最亲的人，如果两人不能和睦相处，那让丈夫如何是好呢？

既改变不了生了女孩的事实，又不想为难丈夫，俞萍最终选择了隐忍，可她的隐忍却最终换来了婆婆的得寸进尺。

有了开头，婆婆对儿媳妇的暴力就变得越发频繁起来，经常一言不合就一通辱骂，一事不顺就一顿毒打，虽然打得都不太严重，但俞萍的精神却备受煎熬，每日都心惊胆战。

好在不久，丈夫王海被获准休假两个月，王海回到家后就专职照看起了孩子，母亲也随即回了老家。结束了"三天挨骂、五天挨打"的日子，俞萍总算松了一口气，可舒心的日子总是太过短暂，很快她又要再次面对婆婆了。

2016年春节临近，王海提议带着刚满一岁的女儿回老家过春节，让亲戚朋友见见女儿。俞萍一听就犯了怵，她实在不愿再看到凶神恶煞的婆婆了，可老家是丈夫的根，婆婆是丈夫的亲生母亲，在丈夫心中，这些都无比重要。为了丈夫，俞萍只好不情愿地答应了。

俞萍心想有丈夫在身边，又是大过年的，婆婆总不至于对自己还像从前那样吧？可事实证明，婆婆的凶悍似乎并不分时间和场合。

大年初三，王海的姑妈一家来探亲，王海在客厅陪姑父，俞萍则在卧室跟姑妈聊天。姑妈小声说俞萍婆婆是个母夜叉，王海小时候经常挨母亲的打，还说王海父亲在世时也没少被王海母亲打骂，为此还起诉过离婚，不过没离成。俞萍见遇到了知音，便说起了去年婆婆虐待自己的事，不想刚说没几句，就听见门被重重地推开了，婆婆眼露凶光地闯了进来。

婆婆一把扯住俞萍的头发打起来，一边打一边叫嚣："让你乱嚼舌根！"俞萍的嘴角见了血，姑妈费了很大劲才推开婆婆，挡在了两人中间。婆婆气急了，顺手拿起了桌上放的手机充电线，往姑妈脖子上一搭，就使劲勒了起来。俞萍见婆婆要勒死姑妈，赶紧使劲掰婆婆的手，却怎么也掰不开。这时客厅里的人听到了卧室里的动静，便赶了过来。王海见状赶紧用力掰开了母亲的双手，推开了母亲，扶起了姑妈，此时姑妈已然是脸色煞白。可婆婆仍然不依不饶，还大声喊道："看你以后还敢不敢多管闲事！"姑父见状，赶紧带着姑妈离开了。

王海这时才注意到妻子蓬乱的头发和嘴角的血迹，他质问母亲是不是打了俞萍。婆婆理直气壮地说，俞萍背后说她坏话就该打，说着还要动手再打俞萍。王海赶紧护住妻子，对母亲生气地说，既然母亲不喜欢俞萍，那他就带着俞萍母女走好了，说完就让俞萍收拾东西。

俞萍一边收拾东西，一边忍受着婆婆的谩骂，婆婆骂她是狐狸精，教唆儿子不听自己的话。同时，婆婆还骂丈夫是白眼狼，发狠话说，儿子今天要是走了，就永远别再回来，说完便哭天抢地起来。婆婆的哭闹，最终还是没能留住儿子一家。俞萍和丈夫结束了不愉快的探亲之旅，回到了自己的家，丈夫本还打算让母亲春节后再来帮忙看孩子呢，这回他彻底打消了这个念头。

可孩子总要有人照顾，岳父岳母刚有了孙子，帮不上忙，找保姆又太贵，思来想去，俞萍决定辞职，做个专职妈妈，这个决定得到了丈夫的支持。半个月后，丈夫返回了工作岗位，家里只剩下俞萍母女。一个人带孩子虽然辛苦，却总比身边有个恶婆婆舒心得多。可惜这样的日子没过几天，婆婆就不请自来了。不过这次婆婆不是来帮着照顾孩子的，而是来找俞萍算账的。

婆婆进门后就责备俞萍将儿子带坏了，连妈都不认了，要俞萍立马跟儿子离婚，然后自己再找个听话的儿媳妇。俞萍大吃一惊，她和丈夫于2012年相识相恋，并于次年领证结婚。婚后两人一直非常恩爱，还有了一个可爱的女儿，一家三口，其乐融融。俞萍没想到婆婆会提出如此荒诞无理的要求，她断然拒绝了，并说婆婆无权干涉他们的婚姻。

婆婆一听这话暴脾气又上来了，接着便是对俞萍一顿暴打。这次远比之前任何一次打得都狠，身体单薄的俞萍，面对五大三粗的婆婆，根本毫无还手之力。直到打累了，婆婆才住手，并放话说，她要一直在这住下去，直到俞萍答应跟儿子离婚为止。此时的俞萍已被打得骨头快散架了，脸上也鼻青脸肿，听到婆婆说要一直住下去，她的心都凉透了。

俞萍想，她是无论如何也不能再跟婆婆住在一处了，于是趁晚上婆婆睡着后，抱着女儿偷着跑回了娘家。俞萍的父母也住在城里，俞萍坐月子期间也多亏母亲照顾，母亲不能再帮她带孩子了，因要照顾弟弟家的孩子。正因为此，俞萍才再三劝丈夫将婆婆接了过来，如今她心里满是后悔。

俞萍的父母见女儿被婆婆虐待自然心疼，要女儿立马给女婿王海打电话，让他来处理母亲的事。俞萍没答应，现在婆婆跟丈夫已经因为自己闹得很僵了，她不想再火上浇油。可这口气俞萍能咽下去，俞萍的父母却咽不下去，第二天他们就硬拉着女儿来找婆婆杨冬梅理论。

婆婆对俞萍父母叫嚷道，自己就是不喜欢俞萍这个儿媳妇，只要俞萍一天不跟儿子离婚，她就一天不回老家。俞萍母亲见杨冬梅根本不讲理，不顾女儿的劝阻，当场就拨打了女婿王海的电话，告知其母亲上门无理取闹一事，正说着手机就被婆婆抢走了。接着王海就跟母亲在电话里吵了起来，让母亲不要干涉自己的婚姻。可婆婆却说，儿子是自己生的，儿子的婚姻她有权干涉，说罢就挂了电话，然后将俞萍母亲的手机重重地摔在地上，屏幕都被摔坏了。

俞萍母亲见杨冬梅如此不可理喻，不忍女儿继续被欺凌，便果断报了警。民警迅速赶到，对婆婆进行了劝说，可婆婆听不进去，反说这是家务事，用不着民警管。民警见婆婆杨冬梅顽固不化，便建议俞萍向法院申请人身安全保护令。

那么什么是人身安全保护令？如何申请？什么情况下才能申请？俞萍申请人身安全保护令后，是否就不会再被婆婆殴打了？

● 律师说法：人身安全保护令 >>>

人身安全保护令是一种民事强制措施，是人民法院为了保护家庭暴力受害人及其子女和特定亲属的人身安全、确保婚姻案件诉讼程序的正常进行而作出的民事裁定。

根据法律的规定，当事人因遭受家庭暴力或者面临家庭暴力的现实危险，向人民法院申请人身安全保护令的，人民法院应当受理。

本案中，俞萍一直遭受婆婆杨冬梅的殴打，俞萍完全可依据报警证明、受伤病历以及证人证言等证据，向法院申请人身安全保护令，法院受理后会迅速对存在家庭暴力危险的证据进行审查，依法作出人身安全保护裁定。人身安全保护裁定作出后，法院会同时函告俞萍所在地的公安机关保持警觉，履行保护义务。如果俞萍的婆婆继续骚扰或殴打她，法院可以根据其情节轻重处以罚款、拘留。构成犯罪的，移送公安机关

凶悍的婆婆虐打儿媳妇

处理或者由俞萍提起刑事自诉。

● 法条链接 >>>

《中华人民共和国民法典》

第一千零四十二条 【婚姻家庭的禁止性规定】禁止包办、买卖婚姻和其他干涉婚姻自由的行为。禁止借婚姻索取财物。

禁止重婚。禁止有配偶者与他人同居。

禁止家庭暴力。禁止家庭成员间的虐待和遗弃。

《中华人民共和国反家庭暴力法》

第二条 本法所称家庭暴力，是指家庭成员之间以殴打、捆绑、残害、限制人身自由以及经常性谩骂、恐吓等方式实施的身体、精神等侵害行为。

第二十三条 当事人因遭受家庭暴力或者面临家庭暴力的现实危险，向人民法院申请人身安全保护令的，人民法院应当受理。

当事人是无民事行为能力人、限制民事行为能力人，或者因受到强制、威吓等原因无法申请人身安全保护令的，其近亲属、公安机关、妇女联合会、居民委员会、村民委员会、救助管理机构可以代为申请。

第二十九条 人身安全保护令可以包括下列措施：

（一）禁止被申请人实施家庭暴力；

（二）禁止被申请人骚扰、跟踪、接触申请人及其相关近亲属；

（三）责令被申请人迁出申请人住所；

（四）保护申请人人身安全的其他措施。

无奈之下，俞萍听从了民警的建议，向当地法院提出了人身安全保护令的申请。法院经调查后作出裁定：禁止杨冬梅再打骂儿媳妇俞萍，并迁出儿媳妇家的住所。

随后，法院向杨冬梅送达了人身安全保护裁定书，婆婆杨冬梅极不情愿地回了老家。不想一个多月后，她的"老毛病"又犯了，接着便发生了本案开头的一幕，婆婆又多次来到儿媳妇家殴打儿媳妇，打完之后就快速坐高铁返回老家。一次，婆婆还对俞萍叫嚣，在她眼里，保护令就是一张废纸。

因为屡屡遭受婆婆的突然袭击，俞萍出现了神经衰弱的症状，在朋友的提醒下，她才想起了那张"人身安全保护令"。

2016 年 7 月，俞萍抱着试试看的心理，向当地法院反映了情况。随后，法院工作人员找到杨冬梅进行谈话，告知杨冬梅，根据"人身安全保护令"的规定，如果杨冬梅再不停止殴打儿媳妇俞萍的行为，法院就有权将其交由公安机关处置。杨冬梅有些害怕了，没想到自己认为的"家事"，竟然真有可能把自己送进监狱。杨冬梅请求法院理解，说自己是自小养成的暴脾气，控制不住。

原来，杨冬梅之所以脾气暴躁，和她的家庭成长环境有关。杨冬梅的父亲经常酗酒，醉酒后就对妻儿进行辱骂和殴打，杨冬梅深受影响，认为暴力是显示自己家庭地位的最好方式。而杨冬梅母亲对弟弟的宠爱也让她非常嫉妒，经常自恨不是男孩，也因此形成了重男轻女的思想。成年后，杨冬梅经媒人介绍认识了后来的丈夫，很快两人结婚，并有了儿子王海。先前夫妻关系还不错，丈夫总是处处让着杨冬梅，可儿子出生后，两人的关系迅速恶化。先是抚养孩子的压力让杨冬梅的脾气变得越来越暴躁，后是丈夫下岗没了稳定收入，两人在生活的重压下时不时地就会爆发冲突，先是言语争吵，后来发展成拳脚相向，大打出手。因为杨冬梅五大三粗的身材，有一股蛮劲，所以夫妻两人打架，她从来不吃亏。

后来，丈夫实在受不了这种生活，就向杨冬梅提出离婚，杨冬梅坚决不同意，不得已丈夫向法院提出离婚诉讼。杨冬梅以死相逼，丈夫无奈撤回了诉讼，不过从此就跟杨冬梅开始了冷战。后来外出打工，更是很少回家，直到最后病死在外地，也没跟杨冬梅缓和关系。

丈夫的冷淡让杨冬梅将更多情感倾注到了儿子王海身上，可这对王海来说并不是一件幸事，因为杨冬梅信奉"棍棒之下出孝子"。王海从小就被母亲杨冬梅教育要听话,不听话就挨打,杨冬梅还非常关注王海的学习成绩,一旦成绩下滑也会挨打。因此,王海从小挨打的次数不计其数。

虽然这种教育方式给儿子造成了很多伤害,可在杨冬梅看来,这却是儿子得以成才的关键,儿子也因此得以在大城市站稳了脚跟,还靠自己的能力娶妻生子。美中不足的是儿子结婚后跟她不再亲近了,甚至结婚后一次都没邀请她去家里住几天,而她认为这都是儿媳妇俞萍挑唆的。最让杨冬梅生气的还是俞萍生了个女儿,这在拥有"重男轻女"思想的她看来,是犯了不可饶恕的罪行。

跟儿媳妇住在一处时,杨冬梅每每听到儿子跟妻子在电话里甜言蜜语,心里就不爽,因为儿子很少跟她通话,即便通话也不会超过一分钟,这让她有一种儿子被儿媳妇霸占的感觉。也正是这种感觉,让她在被玻璃球滑倒后,潜意识地认为那是儿媳妇故意害她,于是她才有了掀翻饭桌的举动。而当儿子听了儿媳妇的小报告后对她大加指责时,杨冬梅的肺都气炸了,于是才有了用笤帚打儿媳妇的举动。而儿媳妇一再的隐忍在她看来就是懦弱,所以便更加肆无忌惮了,甚至过年时,儿子和亲戚都在身边,她也丝毫不顾忌。逼着儿子大过年的带着妻子和女儿返城。

儿子的愤然离去让杨冬梅对儿媳妇恨之入骨,她认为儿子被儿媳妇抢走了,为了抢回儿子,她必须赶走儿媳妇,这才有了她想通过暴力迫使儿媳妇跟儿子离婚的想法。不承想杨冬梅到俞萍家的第一天就把俞萍打回了娘家,之后俞萍父母找上门理论,竟招来了警察,很快还传来了"人身安全保护令"。

一纸保护令让杨冬梅对儿媳妇更加愤恨了,后来不甘心的她竟想出了"打儿媳妇一顿就回"的主意,屡屡得手后,她竟有些忘乎所以了,还说出了保护令是废纸的话,直到法院工作人员找上门,她才认识到,保护令并不是闹着玩的。

听完杨冬梅的讲述,法院工作人员认为杨冬梅应对婆媳矛盾负主要责任，建议她向儿媳妇俞萍认错，请求原谅，进而让儿媳妇撤回保护令，毕竟这项法令的目的就是让家庭和睦。这次杨冬梅总算听进去了别人的建议，当即就坐上高铁赶到了儿媳妇家，在跟儿媳妇俞萍一番开诚布公的谈话后，俞萍最终为了丈夫原谅了婆婆，并到法院撤回了"人身安全保护令"，她对法官说，只要今后婆婆能善待自己，她又哪用得着保护令呢。

● 案件感言：家庭暴力与人身保护 >>>

家庭本应是人们心灵的归宿，然而家暴的存在却让家庭成了摧残身心的牢笼。家暴极易催生犯罪，生活在家暴阴影下的人，很容易采用极端暴力的方式解决问题，同时还会培养出一些有暴力倾向的子女。本案中的杨冬梅就是一例。在家暴中长大的她只会用暴力解决问题，然而家庭的维系还是要靠爱，家暴只会让家庭变得越来越脆弱，越来越容易破裂。

我国传统认为家暴是家事，无涉法律，因此家暴行为在我国一直大量存在，而家暴一旦发生就很难停止，如果没有相应的干预，就会越来越频繁，越来越严重。正因为此，我国作出了"人身安全保护令"的民事裁定，来保障家暴中被侵害者的权益。假如您在生活中被家暴，请记得拿起"人身安全保护令"来保护自己。

凶悍的婆婆虐打儿媳妇

◆
◆◆
◆◆◆

婆媳矛盾害了孩儿

◈ **摘　要**：杨老太买完菜回家，遍寻不着孙子，随即报警。警方随后在儿媳妇的床底下找到了孙子的尸体……

◈ **关键词**：疏忽大意的过失　过失致人死亡罪

2016 年 11 月一个周末的早上，杨老太外出买菜，临出门前，她交代儿媳妇给 7 岁的孙子豆豆穿衣服。一个小时后，杨老太返回家中，却不见了孙子，一问正在做早饭的儿媳妇才知道，孙子一个人去菜市场找她了。杨老太埋怨儿媳妇太粗心，儿媳妇则不耐烦地说："这又不是第一次了，他找不着你，一会儿就回来了。"儿媳妇随后自己吃起饭来，似乎对儿子一个人在外不太担心。杨老太见儿媳妇如此，气得牙根痒痒，她吃不下饭，便出门直奔菜市场而去。

菜市场距离杨老太家不过 500 米，很快就到了，因为是这里的常客，菜市场的菜贩大多认识杨老太和她的孙子豆豆。杨老太一一向菜贩询问，可问了一圈，没有一人说见过豆豆。这下杨老太彻底慌了，急得哭了起来，声嘶力竭地在菜市场呼喊豆豆的名字，可喊了半天，豆豆也没出现。人们七嘴八舌地开始议论，都猜测豆豆可能被人贩子拐走了，建议杨老太赶紧报警，随后民警赶到。

民警随即调取了菜市场和杨老太所住小区的监控录像，录像显示，豆豆当日早上并没到过菜市场，甚至连小区都没出过。那么豆豆到底是怎么失踪的呢？

起初民警认为豆豆或许是到小朋友家玩了，可杨老太找遍了所有豆豆认识的小朋友家，都说当天没看见豆豆。民警随即着手对小区人员和出入小区的车辆进行逐一排查，而他们首要调查的对象，是豆豆的母亲赵岚，因为她是最后一个接触豆豆的人。

杨老太将民警领回了家。民警的出现，让儿媳妇赵岚大惊失色，她还没弄清楚怎么回事，杨老太就一头将她撞倒在地，紧接着又扑上去厮打，嘴里还大声地嚷嚷着："你还我孙子，还我孙子！"民警赶忙阻止了杨老太，劝说道："孩子失踪了，当妈的心里更难过。""什么？你是说豆豆失踪了？"赵岚惊恐地问民警。民警随即将掌握的情况告诉了赵岚。赵岚听后失声痛哭，不过却不像杨老太那般撕心裂肺、极度悲伤。

随后赵岚向民警讲述了当日早上发生的事。赵岚说，杨老太出门后不久，豆豆便醒了，起床后不断吵着要去找奶奶，她不允许，豆豆就在家里大吵大闹，后来还趁自己做饭时偷偷溜出了家门。她发现后，就想着这种事也不是第一次了，而菜市场又是豆豆常去的地方，应该不会出什么意外，只是没想到这次她失算了。讲述完，赵岚掩面痛哭，杨老太也跟着大哭起来。

民警随即安慰两人说，他们相信豆豆很可能还在小区内，因此最近几日会加大对小区的巡逻和盘查，希望能尽快找到豆豆。杨老太听后不住地感谢民警，而赵岚却木然地坐着，浑身抖个不停，像是在害怕什么。

此后几天，虽然有民警在紧锣密鼓地寻找豆豆，可杨老太仍不放心，整日在小区转悠个不停，喊孙子的名字，喊得嗓子都哑了。而与杨老太形成鲜明对比的是，豆豆的母亲赵岚却异常地冷静，案发后几乎从未出过家门，甚至也没打过一次电话询问案件的进展。这让办案民警起了疑心，难道赵岚就不担心儿子的安危吗？还是她一直就知道儿子的下落？

案发后第四天，一无所获的民警决定再从赵岚处探听些情况，于是再次来到赵岚家。不想刚一进门，一股浓烈的清新剂味道就扑面而来，其中有个办案经验丰富的民警不禁眉头一皱，因为他从清新剂中敏锐地闻出了一股尸体的腐臭味。于是，他试着寻找气味的来源，当他靠近赵岚的卧室时，气味明显浓烈了许多。正当他试图进入卧室时，赵岚赶忙挡住了门口，说她有洁癖，不喜欢别人进她的卧室。民警看了一眼卧室内满地的杂物，就判定赵岚在说谎，有洁癖的人的房间绝不会是这样，她一定在试图掩盖什么。于是民警将赵岚推到一边，进屋查看。民警在床底下发现了一个包裹得严严实实的大塑料袋子，还有一个带血的衣架。在袋子被拖出来的一刹那，赵岚随即瘫倒在地，脸色煞白，昏了过去，过了许久才苏醒过来。

紧接着，袋子被打开了，在场的所有民警都惊呆了，里面竟是豆豆的尸体！一个母亲竟将亲生儿子藏尸床下，那么儿子的死自然就与这位母亲脱不了干系了，只是这干系到底有多大呢？

民警立即带走了赵岚，并将豆豆的尸体送法医尸检。起初赵岚一再声称豆豆是死于心脏病发作，与她无关，她之所以藏尸，是担心民警会怀疑是她亲手杀了豆豆。而鉴定结果为：下腹部、腰背部、双臀部及大腿广泛性皮下出血，脏器内小血管空虚等失血征象，被人使用钝性物体多次击打造成的，这也导致其创伤性休克死亡，心脏骤停。另外衣架上的血是豆豆的，衣架上留有赵岚的指纹。

面对铁证如山的证据，赵岚先是惊得目瞪口呆，随即大哭不止，哭了许久，她才坦白承认了自己杀害儿子豆豆的事实。赵岚哭着说，悲剧之所以会发生，婆婆杨老太也有推卸不了的责任，儿子只是她们婆媳矛盾的牺牲品罢了。

那么，赵岚跟杨老太到底有多大的仇恨，竟到了要狠心杀儿子的地步？其实，要说起来，两人的积怨已经长达10年了！

赵岚出生在一个山村，20岁时便结了婚，不想两年后丈夫因病去世，她年纪轻轻就守了寡，好在还没孩子。后来赵岚外出打工，认识了后来的丈夫杨虎。两人年龄相仿，很有共同语言，杨虎不介意赵岚的婚史，对她呵护备至。赵岚被温柔的杨虎打动，两人随即成了恋人，并很快谈婚论嫁。

这年春节，25岁的赵岚跟杨虎回了老家。杨虎是独生子，父亲早亡，家中只有母亲杨老太，住在南方某乡村。杨老太得知赵岚结过婚后，认为赵岚是克夫命，不吉利，坚决不同意两人的婚事。可杨虎却非要娶赵岚不可，偷着跟赵岚领了结婚证。杨老太知情后大骂儿子不孝，还骂赵岚是狐狸精，将儿子带坏了。此后有一年多，杨老太都没让儿子和儿媳妇进家门，直到赵岚怀孕，她看在孩子的面子上，才暂时原谅了两人，并悉心照顾起赵岚来。

孩子的出现让杨老太暂时收起了对赵岚的不满，赵岚此时感觉肚子里的孩子就是为了化解婆媳矛盾而来的。

很快，孩子降生了，是个男孩，赵岚给孩子起名叫豆豆。一家人都乐得合不拢嘴，可很快一个消息就让他们的喜悦变成了悲伤。原来，豆豆患有严重的先天性心脏病，需要及早治疗，不然就有性命之忧。赵岚得知消息后有如晴天霹雳。为了给孩子治病，丈夫将家里所有的积蓄都拿了出来，还又借了几万元外债，才凑足了 10 多万元的手术费。为此杨老太没少发牢骚，说赵岚连生孩子都没本事，竟生了个讨债鬼。但说归说，杨老太还是心疼孙子的，为给孙子治病，连珍藏了几十年的一对玉镯都卖了。一年后，豆豆做了心脏手术，手术很成功，这让一家人都松了口气。但他们并没轻松下来，豆豆的康复需要细心护理，赵岚不能外出打工了，而单靠丈夫一个人的收入，仅够儿子的药费和一家人的生活开支，根本无力还债。

为了摆脱窘境的生活，赵岚劝说丈夫换了份工作，新工作是做钢结构的，听说赚钱很多。赵岚这么做，本是为了让家里经济宽松些，没想到却让家里雪上加霜，丈夫刚干了两个月就意外从高处坠落身亡了。丈夫的死让赵岚痛彻心扉，她深爱丈夫，如果不是有儿子豆豆，她恨不得跟随丈夫一起死。她因悲伤过度，一连数日都起不了床。前夫病逝，丈夫又意外身亡，赵岚不禁感叹自己的命为什么这么苦。

看着终日以泪洗面的婆婆和嗷嗷待哺的儿子，赵岚决定承担起家庭重担，可没想到，丈夫尸骨未寒，婆婆竟跟她争起丈夫的死亡赔偿金来了。赔偿金有 20 万元，本来丈夫的单位说好要直接打到赵岚的银行卡上的，谁知后来竟打到了杨老太卡上，单位说是杨老太要求的。赵岚得知后，心顿时凉了半截，她质问婆婆为何这么做，杨老太理直气壮地说："这钱是我儿子用命换来的，当然得留给孙子！"见婆婆的态度非常坚决，赵岚心想，反正婆婆也是打算将钱留给儿子豆豆用，索性就不再要了。赵岚本以为自己的退让会让婆媳关系和睦，可她哪里会想到，自此以后，婆婆杨老太将她恨到了骨子里。

料理完丈夫的后事，赵岚便立马外出打工去了，她必须担起赚钱养家的重任。一晃几年过去了，时间到了 2016 年 8 月。赵岚此前一直忙着工作赚钱，很少回家，儿子对她很生疏，不但从不接她的电话，见到她还躲得远远的，甚至都不愿意让她抱一下。虽然如此，赵岚心里最关心的始终是儿子，眼看儿子要 6 周岁了，该上小学了，她便想着将儿子接到自己打工的城市上学，让儿子接受好的教育。因为儿子自小跟惯了奶奶，她便把杨老太也一起接到了打工的城市。

一家人住到一起后，赵岚便想好好对杨老太尽些孝道，也多关心一下儿子，以弥补这几年对他们的亏欠。赵岚花了不少钱为杨老太买了几件好衣服，杨老太却说赵岚是嫌她穿得寒酸，给赵岚丢人了。好心换来恶语，赵岚很郁闷，更没想到的是，儿子也不买她的账。

赵岚将自己的卧室好好装饰了一番，房间堆满了儿童玩具，她是想让儿子跟她睡，方便培养感情，可儿子却非要跟奶奶睡不可，哭闹个不停，最后赵岚只好由着儿子了。儿子对赵岚有很强的抵触心理，不但不开口叫妈妈，也从不主动搭理赵岚，就是赵岚主动跟他说话，他也是爱搭不理，相反跟奶奶却有说不完的话，一眼看不到奶奶就哭闹。每当此时，赵岚心里就不是滋味，自己辛辛苦苦为了儿子，到头来儿子却跟自己不亲。

赵岚起初以为是儿子还不习惯有妈妈的陪伴，后来才发现，儿子对她冷漠是出于对她的恨。

这天，赵岚下班回家，在楼下正撞上儿子豆豆对一个小朋友又抓又咬，赵岚赶紧拉住儿子，斥责他不该跟小朋友打架。儿子猛地将赵岚的手甩开，大吼道："不用你管，你是个坏女人！扫帚星！"赵岚一愣，气得当即给了儿子一巴掌，儿子大哭起来。不远处的杨老太见状跑了过来，一把推开赵岚，气呼呼地说："你害死了我儿子，如今还要打死我孙子不成？"赵岚恍然大悟，原来杨老太一直认为是她害死了丈夫，还将这想法灌输给了儿子，难怪刚才儿子会说出那些话来。赵岚气得浑身哆嗦，为自己辩解道："你儿子的死，我是有错，可并不是我直接害死的；再说，我这么多年辛苦赚钱养家，难道还不够吗？"赵岚委屈地哭了起来。可杨老太不领情，冷冷地说："那是你应该的，要是我儿子活着，还用得着你养我们吗？"赵岚倒吸了一口凉气，随即哭着跑回了家。

当夜，赵岚想了很多，她所有的辛苦都是为了儿子，可如今儿子却被婆婆养成了自己的敌人，她不能继续放任婆婆对儿子的影响了。因此她打算让婆婆回老家，儿子由自己照管。

第二天一早，等儿子去上学后，赵岚就对婆婆下了逐客令，婆婆不甘示弱地说："走就走，不过我要带着孙子走！"赵岚坚决不同意，紧接着两人撕扯起来，最后，赵岚连拉带拽地将婆婆拖出了门。

中午放学时，赵岚去学校接儿子，却被老师告知，杨老太一个小时前就将儿子领走了，说要回老家。赵岚急忙赶往火车站，在候车室找到了杨老太和儿子。赵岚想将儿子拖走，可杨老太死命抱住不放，更可恨的是，儿子竟还咬了赵岚的手。赵岚此时又生气又寒心，杨老太分明是将儿子绑架了，她想要儿子回家，就必须接回杨老太，而杨老太又会继续向儿子灌输对她的仇恨，她这不是养仇人吗？赵岚犯了难，最终她妥协了，决定将两人一起接回去，不过要杨老太保证，今后不再对儿子讲诸如是自己害死了丈夫这类的话。杨老太连忙答应。

家里重归平静，可赵岚的心却再也没平静过，她不但无法赢得儿子的心，甚至不能让儿子消除对她的敌意。此后她越看儿子越像杨老太，说话做事都像，她竟开始对儿子萌生出莫名的厌恶感。

案发这天早上，赵岚给儿子穿衣服，可儿子非要奶奶穿，还要穿着睡衣跑出去。赵岚急了，要强行给儿子穿衣服，儿子开始激烈反抗，小手不住地捶打赵岚，口里又开始不住地骂赵岚"扫帚星！"赵岚气得火冒三丈，顺手拿起身旁的衣架，用力殴打儿子大腿内侧，还用脚踢打儿子的臀部。这下儿子骂得更凶了，还说："等我长大了，我一定杀了你，替爸爸报仇！"赵岚吓得浑身打战，心里无比悲凉，她这哪是养孩子啊，分明是养仇人！她恼怒地殴打儿子，一边打一边吼道："你爸爸不是我杀的，听见了吗？"一遍又一遍，随后赵岚发现儿子呼吸困难，脸色苍白，之后竟没了呼吸。任凭赵岚怎么呼喊摇晃，儿子都一动不动，她认为儿子很可能是心脏病发作导致死亡了。

赵岚趴在儿子身上失声痛哭，她后悔一时冲动要了儿子的命，两任丈夫和儿子都死了，难道自己真是"扫帚星"？她想干脆自己也死了算了，反正活着也没盼头了。于是她到厨房拿了把菜刀，想割腕自杀，可就在这时她想起了自己的父母。父母都60多岁了，就自己一个女儿，如果自己死了，将来谁给他们养老送终啊？想到这件事，赵岚放弃了轻生的念头。

可杀人偿命，就算自己不想死，儿子的尸体摆在那里，警察很容易就会破案，到时自己还是死罪难逃，该怎么办呢？赵岚心生一计，她想先把儿子的尸体藏起来，然后再找机会抛尸，可藏哪儿呢？想来想去还是自己卧室的床底下最安全。藏好尸体和带有血迹的衣架后，赵岚想着婆婆快回来了，便赶忙跑到厨房做起饭来。接着便发生了本案开头的一幕，杨老太回家没看见孙子，便跑出去寻找，寻找无果，这才报了案。而赵岚却趁机买来了大塑料袋和几瓶空气清新剂。

杨老太的报案让赵岚乱了阵脚，民警说要重点在小区展开排查，她根本无法将尸体及时运出去。她想到在家中毁尸灭迹，可杨老太整日在家守着，她也没机会下手，于是便几次三番劝说杨老太回老家等消息，但都遭到了拒绝。时间很快过去，儿子的尸体开始腐烂了，为掩盖尸臭，赵岚不住地喷洒清新剂掩盖，因为杨老太有严重的鼻炎，对气味很不敏感，这才蒙混过去。另外，她还在床周围摆满杂物，阻止他人靠近。赵岚终日在家如坐针毡，一门心思地想着该如何尽快处理掉儿子的尸体，她甚至忘了该伪装一下对儿子"失踪"的关心，以至于引起了民警对她的怀疑，这才再次到访家中，并发现了豆豆的尸体。

讲述完经过，赵岚哭着说，自从事发后她就彻夜难眠，一闭上眼就会看见丈夫和儿子在看着她，她总是被吓出一身冷汗。她后悔失手杀了儿子，但她同时也怨恨婆婆对儿子造成的坏影响。

得知孙子已被儿媳妇杀了的消息，杨老太当即昏了过去，醒后就大骂儿媳妇赵岚，说她是"扫帚星"一点儿没错，克死了两任丈夫，如今又杀了自己的孙子，就是活脱脱一个丧门星。

很快，检察院就以赵岚涉嫌过失致人死亡罪向法院提起了公诉。

法庭上，杨老太坚持要以故意杀人罪判处儿媳妇赵岚，但公诉人却认为赵岚的行为应属过失致人死亡罪，那么公诉人认定的原则是什么？

● 律师说法：疏忽大意的过失 >>>

疏忽大意的过失，是指行为人应当预见自己的行为可能发生危害社会的结果，因为疏忽大意而没有预见，以致发生了这种危害结果的心理态度。

过失致人死亡必须是过失，主观上没有杀人的故意，客观上必须实施了致人死亡的行为，并且已经造成死亡结果，行为与死亡结果之间必须存在因果关系。而故意杀人是指故意非法剥夺他人生命的行为，主观上存在强烈的杀人的故意。

本案中，赵岚是豆豆的亲生母亲，从辛苦赚钱供养孩子，并将孩子接到城里上学来看，她是非常爱儿子的。赵岚因家庭琐事而使用衣架殴打豆豆大腿内侧，用脚踢打豆豆臀部的行为，以一般人的判断标准，并不会致人死亡。赵岚出于管教豆豆的目的而对其进行殴打，又鉴于赵岚是豆豆的亲生母亲，可以认定赵岚不具有故意伤害的目的。据此应认定赵岚的行为构成过失致人死亡罪。

● 法条链接 >>>

《中华人民共和国刑法》

第十五条 【过失犯罪】应当预见自己的行为可能发生危害社会的结果，因为疏忽大意而没有预见，或者已经预见而轻信能够避免，以致发生这种结果的，是过失犯罪。

过失犯罪，法律有规定的才负刑事责任。

第二百三十三条 【过失致人死亡罪】过失致人死亡的，处三年以上七年以下有期徒刑；情节较轻的，处三年以下有期徒刑。本法另有规定的，依照规定。

《中华人民共和国反家庭暴力法》

第二条 本法所称家庭暴力，是指家庭成员之间以殴打、捆绑、残害、限制人身自由以及经常性谩骂、恐吓等方式实施的身体、精神等侵害行为。

最终，法院以犯过失致人死亡罪判决赵岚有期徒刑5年。

接到判决书，赵岚泣不成声，虽然不用给儿子偿命，但她的下半辈子都将会在自责和悔恨中度过。孙子死后，杨老太终日以泪洗面，得知是自己间接害死了孙子，她无比自责，要是自己不把孙子当作报复儿媳妇的工具就好了，她真恨不得替孙子去死。

● 案件感言：婆媳矛盾与子女教育 >>>

孩子是家庭的弱者，也是在家庭中最容易受到伤害的人。孩子应该是化解家庭矛盾的天使，不该被用来当作激化家庭矛盾的工具。在日常生活中，婆媳之间出现问题要及时调解，不该让问题日积月累，最终铸成大错。本案中，杨老太出于对儿媳妇的不满，竟向孙子灌输诋毁其母亲的言论，结果导致母子关系疏远和紧张，并进而引发了悲剧。

任何时候，夫妻或者婆媳都不应该拿孩子当武器，这只会伤害到孩子，也最终会伤害到整个家庭。

上门女婿的反击

◈ **摘　要：** 张兰深夜被人抢劫，抢劫犯随后被抓。据他供述，他是受雇于人，抢劫只是假象，教训张兰才是目的，而他的雇主，正是张兰的女婿……

◈ **关键词：** 竞合犯　抢劫罪　故意伤害罪

2014 年农历八月十四日晚上 8 点钟，某省城一小区里突然传来一阵急促的呼救声，"救命呀，抢劫了！"附近居民闻声赶到，发现一个中年女子正痛苦地躺在地上，周围还散落了一些物品。赶来的居民立即报了警，并拨打了急救电话。

民警很快赶到，立即封锁了现场。后经询问，受伤女子名叫张兰，跟女儿孙婷和小孙女住在这个小区。张兰惊恐地讲，案发时，她正在小区散步，忽然一个蒙面男子冲了过来，二话不说，上来就对她一阵拳打脚踢，之后还抢走了她的一条金项链和一部手机。抢完东西还不算完，男子又接着对她拳打脚踢起来，听到有人赶过来才慌忙逃走。

民警问张兰是否看清了凶手长相，她说，天色黑暗，只看到那人留着平头，瘦高身材。正说着，张兰突然停住了，寻思了一会儿说，她怀疑这件事是她的前女婿陈刚干的。陈刚和自己的女儿离婚了，可不久前，陈刚又要复婚，自己强烈反对，陈刚为此三天两头地到自己家闹事。张兰认为这件事很可能就是陈刚对她的报复。这时，救护车赶到，张兰给民警留下女儿孙婷和陈刚的电话后，就被送往医院救治了。

民警试图打电话通知张兰的女儿孙婷，可孙婷的手机却关机了。民警又找到张兰家，可无论怎么敲门，始终没人开门。民警担心孙婷也会出事，马上拨打了陈刚的电话，然而陈刚的手机竟然也关机了。

母亲被人抢劫，女儿又神秘失踪，这两件事情是否都与陈刚有关？如果都是他所为，他又把孙婷母女带到哪儿去了呢？

民警紧接着对附近居民进行了走访调查。据一位商贩讲，下午6点钟左右，曾看到孙婷母女上了一辆出租车。警方立即调取了该路段的监控，找到了孙婷乘坐的那辆出租车，并联系上了司机。据司机回忆，当时他把孙婷母女送到了火车站。民警立即赶赴火车站，最终在候车室找到了孙婷母女，和她们在一起的还有一个男人，而这个男人正是陈刚。随后，民警将他们都带回了派出所。

当警方把张兰遭到抢劫的事告诉孙婷后，孙婷吓得大哭起来。据孙婷讲，几天前，陈刚找到她说，婆婆得了重病，想看看孙女，正好快到八月十五了，陈刚希望一家人能吃顿团圆饭，请求孙婷带着孩子跟他回趟老家。孙婷觉得婆婆可怜，想满足婆婆这个心愿，可母亲却不同意，于是她便谎称去同学家玩两天，背着母亲，抱着孩子就和陈刚来到了火车站，出门时手机偏巧没电了，没想到母亲竟会遭遇抢劫。

询问完孙婷，民警又对陈刚进行了问讯。陈刚对孙婷母亲遭到抢劫似乎并不关心，更是矢口否认与此案有关，还说案发时，他和孙婷正在火车站候车室，两人一直都没分开过。陈刚不在场证据充分，民警暂时也无法判断此案是否跟他有关。那么，究竟是谁抢劫了张兰？

为尽快破案，警方调取了张兰家附近的所有监控录像，突然警方发现了一张熟悉的面孔。此人叫虎子，曾有过前科，案发前几天，他频繁出现在小区门口，从身形上看与张兰的描述十分吻合。于是，民警立即赶往虎子住处，成功将其抓获，还在其住处找到了张兰被抢的财物。面对警方的讯问，虎子承认是他作案的。

不过，令警方疑惑的是，虎子案发前曾多次踩点，像是有针对性，可张兰家境一般，更蹊跷的是，虎子在得手后还对张兰进行了殴打。难道这抢劫背后还掩盖着什么秘密？为解开疑惑，民警又对虎子进行了讯问。面对民警的步步紧逼，虎子不得不承认，当时自己是想狠狠地教训一下张兰，不过他是受人指使的。

原来，虎子以替人讨债为生，几年前为此还坐过牢，平常最爱上网，到处吹嘘自己。前几天他接到一陌生男子的电话，要他狠狠地教训一下张兰。他会先付虎子2万元，事成后再付2万元。虎子很爽快地答应了。在收到男子转来的2万元后，虎子就对张兰进行了踩点跟踪。案发当晚，张兰正巧独自一人在小区里散步，虎子便趁机对她进行了殴打。为掩人耳目，转移警方视线，虎子故意伪造了抢劫假象。最后虎子说，他也不知道雇主是谁，他们都是通过电话联系。警方随后查证了虎子提供的电话和银行账户，发现这个幕后人正是陈刚。

张兰遭人殴打，竟然真的是前女婿陈刚所为！本是一家人，陈刚为什么要这么干呢？警方立即抓捕了陈刚。面对确凿的证据，陈刚低下了头，说自己这么干都是被张兰逼的。接着陈刚便向警方讲述了自己当了两年多上门女婿的心酸经历。

3年前，刚大学毕业的陈刚到了省城一家公司做销售员。在一次答谢会上，他认识了合作公司的孙婷，并很快喜欢上了她。孙婷是城里姑娘，不但人长得漂亮，性格还很随和。而孙婷对帅气又风趣的陈刚也很有好感，两人很快便恋爱了。恋爱几个月后的一天，孙婷对陈刚说，她妈妈想见见他，请他到自己家吃顿饭。陈刚一口答应了。

这天，陈刚跟随孙婷到了她家。孙婷的母亲张兰见到陈刚后就不住地上下打量，还不断地问东问西。原本陈刚只是想礼节性地拜访一下张兰，没想到张兰竟然提出一件让他始料未及的事，张兰说："既然你和我女儿彼此都很满意，那就尽快把婚事办了吧。"

陈刚听后心里咯噔一下，他是很喜欢孙婷，但他的事业才起步，又没钱买房，还不具备结婚基础。张兰似乎看出了陈刚的顾虑，于是又向陈刚开出了诱人的结婚条件。

张兰说，自从她和孙婷父亲离婚后，她和孙婷就一直相依为命，她希望女儿能一直留在她身边。而陈刚家在农村，在省城又买不起房，所以她向陈刚提议，陈刚跟孙婷结婚后可以一直住在她家里，当个上门女婿。到时，不但不用陈刚买房，结婚费用也都由她出，她让陈刚好好考虑考虑。

回到住处，陈刚思想斗争激烈。当上门女婿，亲朋好友知道了该多没面子啊。可转念又一想，一套房上百万元，自己那点薪水，干一辈子也很难买得起啊，而且结婚还不用花自己钱。再说，如果不答应张兰，没准张兰就不再让孙婷跟自己好了。思来想去，陈刚觉得还是应该答应张兰。

不过结婚是件大事，陈刚还应该征求父母的意见。哪知，父母一听儿子要做上门女婿，就很不乐意，说以后他们在村子里会抬不起头的。陈刚又把对方许诺的条件跟父母说了，这下父母也犯了难：答应吧，实在觉得丢脸；不答应吧，又没能力帮儿子在省城买房娶媳妇，最终爱子心切的父母还是答应了上门女婿这个条件。就这样，一个月后，陈刚便和孙婷结婚了，成了一个名副其实的上门女婿。

结婚之初，陈刚的日子过得很舒心，夫妻相处和睦，岳母对他也关怀备至，每天还给他们夫妻做好吃的饭菜。此时的陈刚对岳母充满了感激，觉得自己上门女婿的选择是对的。

直到结婚两个月后，孙婷要陈刚上交工资卡，他才觉得有些不痛快，但夫妻之间财务透明也是应该的，就没太介意。可孙婷自幼就很依赖母亲，她的工资卡一直由母亲保管，这次她把陈刚的工资卡也交到了母亲手上。

陈刚是做销售工作的，请客吃饭是常事。一天，他想请客户吃饭，身上的钱不多了，就向孙婷要，孙婷便说工资卡已交给了母亲。陈刚觉得孙婷太依赖她母亲了，可现在要用钱又不得不开口向岳母要。虽然陈刚每次开口都能如愿，但岳母每次都例行公事似的盘问，总让他觉得像个犯错的孩子。陈刚想，钱是自己辛苦赚的，想用时却还要岳母审查，心里不免对岳母干涉他们的财务不满。

孙婷自小有什么事都跟母亲汇报，结婚后依然如此，而岳母不仅要知道，还要参与干涉。结婚前陈刚曾对孙婷说过，自己在大学时谈过一个女朋友，一天，陈刚对孙婷说，前女友要结婚了，邀请他们参加婚礼，自己拿不定主意，征求孙婷的意见。孙婷当时没表态，没想到第二天，岳母张兰竟然提起了此事，说陈刚已经是孙家的女婿了，不该再跟前女友有什么联系，更不该再见面，所以不能去参加婚礼。本来是夫妻间的秘密竟然成了一家人的共同话题，这让陈刚很尴尬，也对岳母过分干涉他们夫妻生活的做法很反感，之后一家三口在一起时，陈刚总觉得有些别扭。

结婚一年后，孙婷生了一个女儿，陈刚就想给女儿按老家辈分起个名字，哪知岳母却坚决反对。她说孩子不能跟父亲姓陈，应该跟母亲姓孙。陈刚听后非常惊讶，孩子随父姓天经地义，自己的孩子怎么就例外呢。岳母张兰说，陈刚是倒插门女婿，理应为女方传宗接代，这孩子就应该姓孙。陈刚不服气，跟她吵了起来。夹在中间的孙婷很为难，最后她说，自己还可以再生一个，第一个孩子姓孙，第二个孩子姓陈。虽然陈刚还是难以接受，但毕竟自己吃住都在孙家，就勉强答应了。

当陈刚将女儿随母姓的事告诉了父母后，父母对他是一顿指责，说他忘了祖宗，对不起陈家列祖列宗。之后，父母有好几个月都不接他的电话。为安抚父母，陈刚一直想尽早带女儿回老家让父母看看，可女儿出生时不足月，身体免疫力很差，三天两头地生病，而自己的工作也是难得空闲，眼看女儿快满一周岁了，竟还未能实现。

去年春节前，女儿身体状况不错，又正好赶上放年假，陈刚就提议要带孙婷和女儿回老家过年，没承想竟被岳母拒绝了，理由是孩子姓孙，理应在孙家过年。而且农村吃住都不方便，她也不放心，陈家的人想看孩子，只能到这儿来看。陈刚觉得岳母太瞧不起自己家人了，心里很不痛快，他希望孙婷能支持自己，可孙婷却全听她母亲的，不但不帮自己说话，还劝陈刚不要惹母亲生气。孙婷的举动让陈刚很寒心，便赌气自己回了老家。

一个人回到老家的陈刚受尽了父母和亲朋好友的奚落，说他太不像个男人，连家都当不了。父母更是说白养了他，到最后给人家当了儿子不算，连自己家的香火也断了。陈刚本来就觉得上门女婿当得委屈，现在更觉得自己窝囊了，可又想不出该怎么做才能活得舒心。

回到省城后，陈刚每日都在琢磨该怎么做才能重新找回尊严。一天，公司县级区域代理商的激励政策激发了陈刚的灵感，他对公司产品了如指掌，而家乡正好缺个代理商，如果他能争取到家乡代理权的话，一定可以创出一番事业，而代理权现在只需10万元，自己的积蓄应该足够了。想到这里，陈刚一下子兴奋起来。

回到家，陈刚就向岳母和孙婷说出了自己的想法，可刚说完，就遭到岳母的强烈反对。岳母绷着脸说，陈刚是不是吃错药了，放着省城的稳定工作不要，非要到小县城当个代理商，再说陈刚根本没有做生意的脑子，自己不会把工资卡给他的，让他别妄想了。听到这话，陈刚瞬间从头凉到脚，他将最后的希望寄托在妻子孙婷身上，本以为妻子会替他劝说岳母，没想到孙婷竟也认为母亲说得有道理，劝陈刚别整天瞎琢磨了。妻子的态度让陈刚很寒心。

陈刚终于知道，在岳母和妻子心里，就从来没瞧得起自己。不能花自己的钱，没有夫妻隐私，不能给自己家传宗接代，竟然还被人这么瞧不起，这样的上门女婿怎么能活得不窝囊呢！只要自己还在孙家一天，就别想抬起头来。陈刚终于想明白了，他决定离开这个家。

陈刚对岳母郑重地说，自己不想再做上门女婿了，他要带孙婷母女出去单过。张兰听后先是一愣，接着决绝地说，你别妄想了，要单过你自己过，孙婷母女不会跟你一起出去受罪的。孙婷也表示，母亲张兰年龄大了，她不会离开母亲的。陈刚彻底绝望了，看来只能他自己一个人离开，因此他想到了离婚。

于是，陈刚对孙婷冷冷地说："既然你不愿意跟我离开这个家，那我们就离婚吧！"孙婷一下子愣住了，接着便哭了起来。张兰听后大骂陈刚没良心，这些年，吃她们家，喝她们家，不知花了她们家多少钱，离了婚，陈刚一分钱都甭想带走。孙婷哭着请陈刚为孩子想想，想到女儿，陈刚一阵心酸，但已铁了心的他对孙婷说，这个婚是非离不可，希望她能成全自己。孙婷见陈刚如此坚决，也只好答应了，不过她希望女儿由自己抚养。陈刚心想，女儿既然姓孙，理应由妻子抚养。

陈刚和孙婷办理了离婚手续。因为母亲身体有病，陈刚暂时不打算告诉家里。终于可以不再看人脸色过日子了，陈刚感到了久违的自由，但每当看到小孩子，他都会很想念女儿，可对张兰和孙婷的怨恨让他不愿再走进孙家，甚至连电话都不愿意打。

"六一儿童节"马上到了。这天，陈刚突然接到孙婷的电话，说女儿很想他，希望他能陪女儿过"六一儿童节"。陈刚听后立马就答应了。当天，陈刚和孙婷将女儿带到了游乐园，女儿一手拉着爸爸，一手拉着妈妈，玩得非常开心。孙婷对陈刚说，离婚后，她想了很多，之前不该事事都听母亲的，她正学着独立起来。听到这里，陈刚对孙婷减少了怨恨。孙婷接着说，她 10 岁时，父亲就离开了家，母亲恨父亲，不许父亲来看她，她常常因为想父亲偷偷躲在被窝里哭。她不想让女儿跟自己一样，她问陈刚愿不愿意看在女儿的面子上跟自己复婚。陈刚看着满眼含泪的孙婷，再看看可爱的女儿，心也软了，不过他还需要时间考虑一下。

之后，孙婷经常以女儿为借口给陈刚打电话或相邀游玩。陈刚发现孙婷确实有了些主见，而自己也越来越不舍得女儿，思考再三，为了给女儿一个完整的家，陈刚向张兰提出了跟孙婷复婚的请求。不料张兰对此却坚决不同意，她对陈刚说，自己绝不会让女儿跟他这种既没良心又没本事的人复婚的，让他别妄想了。无论陈刚再怎么保证以后对孙婷和孩子好都无济于事。此时，孙婷也不住地哀求母亲答应他们复婚，张兰看到孙婷如此更加生气，说孙婷是昏了头，才愿意一再上陈刚的当，自己不会让孙婷再干傻事了。此后，陈刚为复婚的事又找了张兰几次，每次都不欢而散，张兰的霸道让陈刚越发难以忍受。

中秋节的前几天，陈刚接到老家电话，说他母亲病重，想看看孙女，一家人能一起吃顿团圆饭。挂了电话，陈刚一阵心酸，女儿一岁多了，母亲还从未见过她。陈刚想着这次一定要完成母亲的心愿，于是，他再次找到了张兰和孙婷，告诉她们自己母亲想见见孙女。张兰想都没想，就一口回绝了。而孙婷觉得婆婆确实可怜，便背着母亲答应了陈刚的请求。

此时，陈刚对张兰恨到了极点，他认为自己和孙婷之前闹离婚的主要原因就是张兰，现在要复婚的最大障碍也是张兰，他决定要狠狠地教训一下张兰，最好能让她在床上躺上半年才解恨。于是，被愤怒冲昏了头脑的陈刚便在网上找到了虎子。

接着便发生了案件开始的场景：张兰晚上被陈刚雇佣的虎子袭击，为了掩盖犯罪真相，虎子还伪装了抢劫的假象。而案发时，陈刚正带着孙婷母女在回老家的路上，有充分的不在场证明。陈刚自以为他的计划天衣无缝，没想到最后还是被警方识破了。

躺在病床上的张兰知道案件真相后，对陈刚又气又恨，经过鉴定，张兰的伤已构成轻伤，她要求司法机关严惩凶手。

很快，检察院就以陈刚涉嫌故意伤害罪、虎子涉嫌抢劫罪，向法院提起了公诉。

在法庭上，陈刚对自己的犯罪行为供认不讳，表示认罪服法。但虎子辩称，当时抢劫张兰财物只是一个假象，他真正的目的是为了殴打张兰，因此他的行为也应该是故意伤害罪，而不是抢劫罪。虎子之所以这么说，是因为他从律师那里了解到，故意伤害罪在量刑上要比抢劫罪轻很多。

虎子说得似乎有些道理，那么虎子的行为到底是故意伤害罪，还是抢劫罪呢？

● 律师说法：竞合犯 >>>

竞合犯，又称犯罪的竞合，是指不同的犯罪彼此交织在一起。比如，行为人在抢夺他人财物的同时造成了他人的重伤或者死亡，就同时构成了抢夺罪和过失致人死亡或者重伤罪，对于这类一般都是择一重罪处罚。

回到本案中，虎子故意非法伤害张兰身体，不但当场对张兰使用暴力，还强行抢走张兰的财物，虎子虽然以抢劫为掩饰实施伤害，但客观上却实施了抢劫的行为。因此，虎子的行为同时构成故意伤害罪和抢劫罪。依据竞合犯的原则，应择一重罪，即抢劫罪定罪处罚。而陈刚只是雇佣虎子实施伤害，对于虎子以抢劫掩盖伤害的策划和实施并不知情，虎子的抢劫行为对陈刚而言，属于实行过限行为。因此，对陈刚只能以故意伤害罪定罪处罚。

● **法条链接** >>>

《中华人民共和国刑法》

第二百三十四条 【故意伤害罪】故意伤害他人身体的，处三年以下有期徒刑、拘役或者管制。

犯前款罪，致人重伤的，处三年以上十年以下有期徒刑；致人死亡或者以特别残忍手段致人重伤造成严重残疾的，处十年以上有期徒刑、无期徒刑或者死刑。本法另有规定的，依照规定。

第二百六十三条 【抢劫罪】以暴力、胁迫或者其他方法抢劫公私财物的，处三年以上十年以下有期徒刑，并处罚金；有下列情形之一的，处十年以上有期徒刑、无期徒刑或者死刑，并处罚金或者没收财产：

（一）入户抢劫的；

（二）在公共交通工具上抢劫的；

（三）抢劫银行或者其他金融机构的；

（四）多次抢劫或者抢劫数额巨大的；

（五）抢劫致人重伤、死亡的；

（六）冒充军警人员抢劫的；

（七）持枪抢劫的；

（八）抢劫军用物资或者抢险、救灾、救济物资的。

最终，法院经审理判决，被告人陈刚犯故意伤害罪，判处有期徒刑2年，被告人虎子犯抢劫罪，判处有期徒刑5年。

收到法院的判决书，陈刚泪流满面，他知道自己是罪有应得，仇恨让他付出了沉重的代价。同时，他也知道深爱母亲的孙婷是不会原谅他的，他只希望孙婷能照顾好他们的女儿。

● 案件感言：家庭秩序与婚姻自由 >>>

一个健康的家庭应有良好的家庭秩序，每个家庭成员都应各守其位，扮演好自己本来的角色，任何的缺失与取代都会导致混乱。本案中张兰就是搞错了与女婿的关系，试图以岳母的角色替代女儿妻子的角色来约束监管女婿，而孙婷则因过分依赖母亲没有扮演好自己的妻子角色。最终岳母不像岳母，妻子不像妻子，才导致了这场家庭悲剧的发生。

岳母造女儿的谣

◈ **摘　要：**马静丈夫怀疑马静刚生下的儿子不是自己的，因此向法院起诉离婚。事后马静才得知，这一切竟是自己母亲在背后策划的……

◈ **关键词：**撤诉　申请撤诉的条件

2013 年 6 月的一天，孙红丽突然接到女儿打来的电话，女儿马静抽泣着说："妈，晓东把我给告了，要跟我离婚，还要我赔偿他。"说完在电话里大哭起来。孙红丽先是安慰了女儿几句，然后气愤地说："这个杨晓东也太过分了，当初你就是不听妈的话！他杨晓东有什么好的，咱跟他离婚，离了婚妈再给你找好的。"还没等孙红丽说完，马静就挂断了电话。

一般情况下，儿女闹离婚，作为母亲不劝说也就罢了，怎么还盼着儿女离婚呢？这还要从孙红丽女儿马静的这段婚姻说起。

马静与丈夫杨晓东属于闪婚一族，认识两三个月就结了婚。两人都属于工薪阶层，虽然生活上有些拮据，但日子过得还算是有滋有味。让他们喜出望外的是，婚后没多久他们的儿子就出生了。这原本是一件大喜事，可马静万万没想到，这个孩子的到来，却使他们的婚姻即将走到尽头。

这天，马静正在家里照顾出生不久的儿子，丈夫杨晓东一身酒气、东倒西歪地从外面回来了。马静既心疼又气愤，她一边扶丈夫坐下，一边抱怨说："就知道天天喝酒，也不帮我照顾儿子。"丈夫听后猛地甩开妻子的手，借着酒劲迷迷糊糊地说："我儿子？到底是谁儿子还不一定呢吧！"一听丈夫话中有话，马静心里不由得"咯噔"了一下，她觉

岳母造女儿的谣

得无比委屈，自己从没有对丈夫有过二心，如今丈夫竟然这样冤枉自己，马静一把鼻涕一把眼泪，逼着丈夫把话说清楚。丈夫略带嘲讽地说："你说孩子是我的，那金浩又是谁？"

一听这话马静顿时愣住了，她傻傻地站在那里一句话也说不出来。马静的反应让丈夫杨晓东怒火中烧，他更加肯定妻子给自己戴了"绿帽子"，儿子根本就不是他的。想到这些，杨晓东气冲冲地摔门离家而去。

那么，金浩是谁？难道马静做了对不起丈夫杨晓东的事，还生了别人的孩子？

其实，金浩不是别人，正是马静的前男友，在马静初次结识杨晓东之时，两个人刚刚分手。马静和杨晓东结婚后，为了不让丈夫多心，马静和亲戚朋友从来没有对丈夫提起过前男友金浩的事，那丈夫是怎么知道金浩的呢？他又凭什么怀疑儿子不是他亲生的？

突然，马静想到一个人，那就是金浩。金浩是个典型的纨绔子弟，为人非常霸道，分手后对她一直不死心，就是在她结婚后，还时不时地发短信骚扰她。马静心想，丈夫之前一直对她疼爱有加，可最近的态度却十分冷淡，之所以会发生这么大转变，一定是有人在故意挑拨自己与丈夫的关系，想要破坏两人的婚姻。想到这些，马静更加确信是金浩在背地里捣乱。

第二天一早，马静拨通了金浩的电话，不由分说地就质问金浩道："金浩，你给我听好了，咱俩的事都过去了，以后你不要再骚扰我和我丈夫了。"电话那边的金浩直接蒙了，他根本不明白马静到底在说什么。面对金浩的疑问，马静将丈夫杨晓东最近的变化说了一遍，她认定就是金浩在背后捣鬼。听马静讲述后，金浩急忙解释说："马静，你真冤枉我了，这件事的确不是我做的，我承认我还一直爱着你，可自从你结婚后，我就不敢再有非分之想了，平日里发的短信息也只是一些问候语。"听了金浩的话，马静转念一想，凭她对金浩的了解，金浩确实不是这样卑鄙的小人，可如果不是金浩从中挑拨，还会有谁造谣生事呢？

为了弄清楚真相，马静曾多次追问丈夫，从哪儿听说的金浩，为什么怀疑自己。丈夫对消息来源一直守口如瓶，但却非常坚定地认为，马静生的儿子就不是自己的。

接下来的日子，丈夫经常就孩子的身世与马静吵架，夫妻两人的矛盾越来越深。就在马静被婚姻生活折磨得焦头烂额的时候，有一天她突然收到了法院的传票，丈夫杨晓东竟然把她给起诉了，要求与她离婚。马静心痛万分，同时也非常气愤，想着即便离婚，也要在丈夫面前自证清白。于是马静向丈夫提出了一个离婚条件，那就是要丈夫杨晓东与儿子做个亲子鉴定。杨晓东想，妻子马静这么痛快就同意离婚，很明显这个孩子就不是自己的亲生儿子。至于做鉴定的事，他认为鉴定一下也好，有了鉴定书，他就不会感觉愧对妻子了，于是就同意了妻子的要求。

然而，几天后，看到鉴定结果的那一刻，杨晓东彻底傻眼了，这个孩子确实是他的亲生儿子，他冤枉了妻子。拿着鉴定书，杨晓东泪流满面，他恳求妻子马静能够原谅他，不要与他离婚。此时的马静却觉得，杨晓东毫无理由地怀疑自己，给自己和孩子都带来了莫大的伤害；更重要的是，如果在婚姻中连最起码的信任都没有，那么婚姻还有什么价值？于是，马静坚决要求跟丈夫离婚。

可直到此时，马静仍有一件事没弄清楚，原本丈夫杨晓东与自己感情很好，他怎么会突然平白无故地冤枉自己，还对儿子的身世产生了怀疑呢？在马静的再次追问下，杨晓东这才支支吾吾地道出了内情，原来他之所以怀疑儿子不是他亲生的，全是因为他的岳母在背后捣鬼。

杨晓东说，岳母曾经亲口告诉他，这个孩子是马静与前男友金浩所生。杨晓东的这番话，让马静非常震惊，她很难相信，自己的亲生母亲孙红丽，对自己那么疼爱，怎么会忍心破坏自己的婚姻，还要毁掉自己的清白，这到底是怎么一回事？

原来，就在马静的儿子出生后不久的一天，岳母孙红丽偷偷把杨晓东约了出来。见面后，孙红丽就吞吞吐吐地对杨晓东说："其实我女儿马静生下的孩子，并不是你的。"杨晓东顿觉脑袋"嗡"的一声，他简直不敢相信自己的耳朵。孙红丽继续说道，她的女儿马静与前男友金浩是大学同学，两人感情非常好，后来马静怀上了金浩的孩子，金浩的家人知道后，因为不喜欢马静，极力反对两人的婚事，最后两个人迫不得已分了手。

孙红丽说，原本她想要带女儿马静到医院做流产手术的，可经过检查得知，女儿马静的子宫壁非常薄，本来就不容易怀孕，如果再进行流产手术的话，再次怀孕的概率就不到20%了。听完医生的话，她和女儿马静一时很难抉择，最后经过慎重考虑，为了让女儿实现做母亲的愿望，孙红丽决定让女儿生下这个孩子。可她想到，女儿没结婚就生下孩子，对女儿的名声影响不好，为了不让别人看笑话，也为给孩子找个父亲，女儿马静才在那么短的时间就答应嫁给了杨晓东。

说着说着，孙红丽有些哽咽，说她原本想将此事一直瞒着杨晓东，可她看杨晓东老实憨厚，实在不忍心继续欺骗他，所以才决定把事情真相告诉他。孙红丽希望杨晓东能够原谅她和女儿马静，当初她们也是迫于无奈。最后孙红丽还请求杨晓东千万不要去质问马静，这件事给马静造成的伤害太大了，她在心里会受不了的，更不要对马静说是自己将这件事告诉杨晓东的。

听完岳母孙红丽的这番话，杨晓东的心都碎了，他做梦也没有想到妻子马静竟然在玩弄自己的感情。等他冷静下来后，杨晓东又觉得，这么长时间以来，妻子马静与自己是有感情的，不能只凭岳母的一番话，就彻底否定他们的感情。可他又转念一想，哪有亲生母亲诋毁自己女儿名誉的？再有，当时儿子出生时，医生跟他说孩子是早产。难道这都是妻子的预谋？

自此杨晓东变得沉默寡言起来，马静以为是丈夫杨晓东工作太累了，就没放在心上。说来也巧，一天，杨晓东在翻看妻子的手机时，无意间发现了那个叫金浩的人多次给妻子发来信息，话语里充满了对妻子的关心，还多次询问孩子的情况。杨晓东顿时僵住了，心中的怒火被激起，他开始确信，妻子马静与前男友金浩一定有不可告人的秘密，此时的杨晓东对岳母孙红丽说的话是深信不疑了。

尽管杨晓东的心里非常痛苦，但他还是很感谢岳母孙红丽将实情告诉了自己，否则他还一直被蒙在鼓里。得知"真相"的杨晓东开始对妻子马静和儿子不理不睬、漠不关心，还经常与马静发生争吵，最后还走到起诉离婚的地步。但杨晓东却一直遵守着他的承诺，从来没有对马静出卖过岳母孙红丽。

听完丈夫杨晓东的讲述，马静无论如何也不敢相信，差点毁掉自己婚姻和清白的幕后黑手，竟然是自己的亲生母亲。马静不免疑惑，母亲为什么要对杨晓东撒谎呢？这么做对她又有什么好处呢？

带着这些疑问，马静和丈夫杨晓东一起找到了母亲孙红丽。面对女儿、女婿的质问，孙红丽知道事情已经败露，只好说出了自己这样做的苦衷。

原来，马静从小就乖巧懂事，长相也非常漂亮，高中毕业后还以优异的成绩考上了名牌大学。但马静的家庭条件并不好，父亲在马静很小的时候就因病去世了，孙红丽吃了不少苦，好不容易才把马静拉扯大，并有机会接受高等教育。孙红丽不想让女儿今后像自己一样为生计所累，所以在她的心目中，未来女婿的家庭条件是首要考虑的问题。

上大学时，马静跟同班同学金浩谈起了恋爱。当孙红丽得知金浩老家在遥远的南方时，就有些不太同意，担心以后女儿嫁得太远。可当她得知金浩是富家子弟，家里还开办企业时，孙红丽是举双手赞同。后来孙红丽见金浩的长相英俊潇洒，就别提多开心了。孙红丽觉得，这个金浩简直就是为女儿马静量身定做的。可谁承想，马静大学毕业后不到半年，就与金浩分手了。孙红丽得知后，暴跳如雷，她不停地责备女儿太傻，这么好的金龟婿说不要就不要了。可无论孙红丽怎么责问，马静就是不肯说出分手的原因。孙红丽觉得，女儿就是一时糊涂，等她想通了还是会与金浩和好的。

让孙红丽没有想到的是，女儿马静刚与金浩分开没多久，就与杨晓东谈起了恋爱，杨晓东虽然也出身名校，可他的家庭条件一般，与金浩相差了十万八千里，孙红丽打心眼里觉得杨晓东配不上自己的女儿。最令孙红丽气愤的是，女儿马静竟然偷偷拿着户口本与杨晓东登记结婚了。孙红丽生气归生气，如今生米已经煮成了熟饭，她就算是再无奈，也只好依着女儿的心思了。

孙红丽见女儿马静与杨晓东婚后的生活恩爱甜蜜，后来，幸福的二人世界又变成了温馨的三人小家，她原本想，既然女儿过得很幸福，那就这样吧。可结婚生子后的马静和杨晓东，面临着巨大的开销，生活上逐渐出现了困难。每当这个时候孙红丽都会想，要是女儿当初选择嫁给金浩，就不会出现这样窘迫的生活，而且她还会跟着沾光。孙红丽依然解不开心结，她还是觉得金浩才是最适合做自己女婿的人选。而且在女儿马静结婚之后，金浩还多次向自己表示，他心里一直爱着马静。想到这些，孙红丽作出了一个大胆的决定，拆散女儿和女婿，让女儿马静与金浩重新开始。

拿定主意后，孙红丽就找到女婿杨晓东，把自己精心编造的谎言告诉了他。后来，当她得知杨晓东向女儿马静提出了离婚，孙红丽别提多开心了，她觉得女儿的好日子马上就要到来了。可纸终究是包不住火的，这个谎言还是被戳穿了。

得知真相后的马静又气又恨，同时也很委屈，回想着一路走来的艰辛，马静不由得泪如雨下。那么，马静当初为何执意要与金浩分手？后来又为何不顾母亲孙红丽的反对，坚决要与杨晓东结婚呢？

其实，马静也有自己的苦衷。原来，大学毕业那年，马静和金浩就有了结婚的打算，但因为两人的家庭条件相差悬殊，金浩的父母坚决反对两人的婚事。后来金浩在父母的要求下，回到老家帮忙打点生意，金浩要马静与他一同去南方，可马静十分恋家又自尊心极强，并没有答应金浩，而是独自一人回到自己的家乡，找了一份相对稳定的工作。

之后，马静和金浩都忙于各自工作，见面的机会就少了。一次偶然的机会，马静来到金浩所在的城市出差，忙完工作后，为了给金浩一个惊喜，马静没有提前打电话便来到了金浩的住处。可接下来看到的一幕，让马静毅然决然放弃了这段辛苦的感情。

敲门后，给马静开门的正是男友金浩。看到衣衫不整的金浩，还有躺在床上的女人，马静什么都明白了，绝望的她狠狠地打了金浩一个耳光，扭头就离开了。后来，金浩多次向马静道歉，称当天自己喝醉酒了，请求马静再给他一次机会。马静无论如何也不能接受金浩的背叛，她向金浩提出了分手。事后，马静只将自己与金浩已经分手的事实告诉了母亲孙红丽，却并没有说出分手的原因。

与金浩分手后的一段时间里，马静非常痛苦，她经常借酒消愁。后来，马静认识了杨晓东，杨晓东各方面条件都很一般，并不是很出众，但他成熟稳重，这与金浩形成鲜明的对比。杨晓东比马静年长几岁，对马静百般照顾。认识没多久，杨晓东就向马静表白了，杨晓东说："我虽然没有豪车别墅，但我会一生疼爱你、呵护你，努力给你创造美好的生活，不让你受一点儿伤害。"听了杨晓东的话，马静热泪盈眶，想到与金浩谈恋爱的这些年里，她总是小心翼翼地呵护着金浩，她是多么希望能有个人可以给自己温暖和关爱啊。经过考虑，马静决定尝试着接受杨晓东。接下来的日子，杨晓东非常体贴地照顾马静。

这天晚上，是马静的生日，她与杨晓东在酒吧里一边喝酒一边聊天，不知不觉两人都喝醉了，之后竟稀里糊涂地发生了关系。事后，杨晓东不停地向马静道歉，并保证会对她负责。马静并没有怪罪杨晓东，可她怎么也没想到，一个月后她竟然发现自己怀孕了，但她并没有把怀孕的消息告诉任何人。之后，杨晓东向马静求婚，马静不顾母亲的反对，偷偷地拿户口本与杨晓东进行了结婚登记。可没想到不知情的杨晓东，却因为自己的这个举动相信了母亲孙红丽的谎言。

听完女儿马静的讲述，孙红丽无比悔恨、心痛。她实在没想到，她心目中完美女婿的人选金浩，竟然是人品不正派的人。想到女儿独自承受了那么多的委屈，孙红丽流下了眼泪，请求女儿原谅自己。马静非常伤心，她虽然理解母亲孙红丽的苦心，但母亲的做法的确伤害了自己。另外，经历这件事之后，马静也看到了自己与丈夫杨晓东之间极度缺乏

岳母造女儿的谣

信任感的现实。之后，马静对主审法官说，她对丈夫杨晓东极度失望，她希望在法庭的调解下与丈夫杨晓东离婚。

此时的杨晓东深感对不起妻子马静，更对不起儿子，于是，他主动向法院申请撤回起诉。可此时马静却强烈反对，她不同意杨晓东撤回起诉。那么法院会准许杨晓东的撤诉申请吗？

● 律师说法：撤诉 >>>

撤诉，是指在人民法院受理案件之后，宣告判决之前，原告要求撤回其起诉的行为。申请撤诉，即原告在法院立案受理后，进行宣判前，以书面或口头形式向人民法院提出撤回其起诉的要求。

然而并非所有的撤诉都会得到法院的准许，申请撤诉必须要符合四个条件：第一，申请人必须是原告、上诉人及其法定代理人，经原告特别授权的诉讼代理人也可以提出撤诉申请。第二，撤诉必须是自愿。第三，撤诉必须合法。第四，撤诉必须由人民法院作出裁定。

回到本案中，对于杨晓东起诉马静离婚一案，人民法院已经受理，但尚未进行宣判，杨晓东作为诉讼中的原告，他有权向法院申请撤诉；而且，杨晓东撤回起诉并没有损害国家、集体和他人的利益。因此，杨晓东向法院申请撤诉是符合条件的，人民法院应当裁定准许撤诉。

● 法条链接 >>>

《中华人民共和国民事诉讼法》

第一百四十六条　原告经传票传唤，无正当理由拒不到庭的，或者未经法庭许可中途退庭的，可以按撤诉处理；被告反诉的，可以缺席判决。

第一百四十八条　宣判前，原告申请撤诉的，是否准许，由人民法院裁定。

人民法院裁定不准许撤诉的，原告经传票传唤，无正当理由拒不到庭的，可以缺席判决。

考虑到马静与杨晓东的孩子过于年幼，法官反复劝说马静要慎重考虑。马静冷静下来之后，也觉得不应该让无辜的儿子来承担过错，承受单亲生活的遭遇，于是，她决定再给杨晓东一个机会。最后，法院准许了杨晓东的撤诉请求。

经过这番波折之后，孙红丽对自己的行为进行了深刻检讨，她主动帮助女儿照顾起了孩子。看到这个家庭恢复了平静，并逐渐变得温馨、和谐，孙红丽内心终于得到了些安慰，她现在最大的心愿就是，女儿马静与女婿杨晓东能够一直幸福地过下去。最终，马静和杨晓东也原谅了母亲孙红丽。

● 案件感言：父母意愿与夫妻信任 >>>

为人父母疼爱子女是情理之中的事，但也要讲究方式方法，多站在子女的角度考虑问题，不能只靠自己的想象去左右子女的幸福。另外，夫妻双方和睦相处的基本前提就是互相理解和信任。本案中，杨晓东如果能够给予妻子马静更多的信任，及时与妻子进行沟通，弄清楚事情真相，而不是偏听偏信，这场误会或许就可以避免。

岳母造女儿的谣

索要"带孙费"的奶奶

◈ **摘　要：**赵雪梅含辛茹苦地帮儿子和儿媳妇照顾两个孙女，不但不被理解，还被埋怨，她一怒之下将夫妻俩告上法庭，索要"带孙费"……

◈ **关键词：**父母对子女的抚养教育义务　爷爷奶奶对孙子女是否有抚养教育义务

2015年2月底的一天，一场公开审理的案件让刚从春节欢乐气氛中平静下来的北方某县城再次喧闹起来，一时间，人们议论纷纷。

这是一场既普遍却又不常见的民事诉讼，说它普遍是就案件的双方当事人和他们之间的矛盾来说的；说它不常见，是因为很少有人将此矛盾上升到打官司的程度。这究竟是一起怎样的案件呢？

案件的原告是一位50多岁的母亲，名叫赵雪梅，被告是她的儿子王东和前儿媳妇方静。原告的诉求是要求两名被告支付自己"带孙费"6万元，她认为自己帮儿子和前儿媳妇照顾孙女6年，是代他们尽了抚养教育义务，理应得到补偿。而被告方静则认为老人照看孩子是理所当然，也是义务。

法庭上，赵雪梅数度哽咽，说自己并不是不愿意带孙女，之前也从未想过索要"带孙费"，现在之所以这么做也是出于无奈。那么，赵雪梅究竟经历了怎样的心酸和艰难经历，以至于要将儿子和前儿媳妇告上法庭呢？事情还得从6年前说起。

2009年1月的一天，45岁的赵雪梅把家里彻底收拾了一番，她一边干活一边哼着小曲。春节临近，家里又添了宝宝，她心里别提多高兴了。儿媳妇方静和刚出生的孙女兰兰明天就要出院了，赵雪梅还为孙女准备了一张婴儿床。

儿媳妇和孙女回家了。看着熟睡的孙女，赵雪梅忍不住亲了又亲。这时，一旁的儿子王东说话了："既然妈妈这么喜欢孙女，不如以后您就照顾她吧。"赵雪梅听后一愣，说那是自然，哪有奶奶不疼孙女的，以后方静就专管带孩子好了，家务就由自己全包了。赵雪梅本以为儿媳妇和儿子听后会很感动，没想到儿媳妇竟"哼"了一声，冷冷地说，自己每天要上班10多个小时，哪有时间带孩子啊。

赵雪梅这才明白了儿子刚才的话，原来是想让自己辞职在家帮他们带孩子啊。

接下来的几天，赵雪梅一直在苦苦思索。20多年来，赵雪梅一直对儿子心怀愧疚。年轻时，夫妻俩是双职工，没精力照顾儿子王东，不得已，在儿子不到半岁时就交给了乡下的奶奶照看。只有到春节时，母子俩才能相聚几天。王东的奶奶向来只关心孙子是否吃饱穿暖，别的一概不问。直到王东14岁时上了县城的中学才跟父母住到了一起。虽然3个人是住在一起了，母子俩的心却离得很远，跟陌生人差不多。

王东自小不爱学习，却对电子游戏很感兴趣。到县城后，王东经常到网吧打游戏，而赵雪梅因为在感情上愧对儿子，便在金钱上尽量满足他。久而久之，王东的网瘾越来越大，还经常在网吧彻夜不归，学习成绩也一直是在班里垫底。赵雪梅和丈夫知道儿子痴迷网络游戏后，对儿子很失望，多次劝说，甚至打骂都不管用，而王东还动不动就用离家出走进行反抗。最后，夫妻俩对儿子也无可奈何了。

王东19岁时高考落榜，赵雪梅通过朋友介绍，在一家服装厂给儿子找了份保安的工作。不久，王东就跟厂里的缝纫工方静谈起了恋爱。方静10岁时丧父，跟母亲改嫁后备受继父家冷落，从此沉默寡言，初中没毕业就被迫退学，之后就开始打工。为排解苦闷，方静也迷上了网游，两人就是因游戏结缘的。

王东和方静两人常结伴打游戏，感情越来越深，很快就谈婚论嫁了。赵雪梅和丈夫商量，儿子之前一直不懂事，没准结婚后就有责任感了，便为两人操办了婚事。可婚后儿子并没向赵雪梅夫妻预想的方向改变，依然沉迷于游戏，而儿媳妇方静开始也只是偶尔帮着做点家务，后来怀孕了就理直气壮地不做家务，直到孙女出生。

想到对儿子的愧疚，又想到谁带孙女的问题，赵雪梅心想，自己还有5年才能退休，如果现在退休，以后的退休金就会缩水。可儿媳妇口气强硬，看来是不会辞职的。如果找保姆，每月的工资赶得上自己的工资了，还不如自己带呢。整个春节，赵雪梅一直在左右权衡，最终她决定提前退休自己来照顾孙女。

赵雪梅将决定告诉了丈夫，丈夫安慰她说，反正退休是迟早的事，提早退休也好。儿子和儿媳妇听后十分高兴。从此，孙女成了赵雪梅的生活重心。

赵雪梅每天除了照看孩子还得做家务。刚开始，儿媳妇下班后还哄哄孩子，可很快孩子的哭闹就让她厌烦了，回到家就躲进卧室，跟儿子一块玩游戏，照常不帮着做家务。赵雪梅气不过，就想唠叨她两句，可都被丈夫阻止了，说家和万事兴，还主动帮老伴分担起了家务。

就算这样，赵雪梅每天也是累得喘不过气来。儿媳妇坚持喂奶粉，每隔两个小时就得喂一次。孩子还特能哭闹，赵雪梅每晚都会被吵醒很多次，连个囫囵觉也不能睡。如果遇到孩子感冒咳嗽，她更是成宿地不能合眼。这样过了几个月后，赵雪梅发福的身躯就瘦了一大圈。

一年后，孙女会走路了，赵雪梅也轻松了些。可就在这时，儿子王东却又兴高采烈地告诉她，方静又怀上二胎了。赵雪梅听后心情很复杂，她也想家里添个孙子，一个孩子毕竟太孤单，可一想到孩子出生后又得自己照顾，心里就发怵，一个孙女自己就已经吃不消了，两个孩子岂不是要了自己的命？

2011年7月，赵雪梅在忐忑的心情中迎来了她的第二个孙女梅梅，看着小孙女胖乎乎的脸庞，她心里悲喜交集。

虽然照顾两个孩子很累，可赵雪梅还是咬牙坚持着。两个孩子夜里总是此起彼伏地哭，她是刚放下这个又抱起那个，这回连老伴也跟着睡不着觉了。而且她连做饭的时间也没有了，晚饭还得等到老伴回家做。可就算老两口忙成这样，儿子和儿媳妇还是一如往常，回家后游戏照打不误。赵雪梅对此是憋了一肚子气。

严重缺乏睡眠的赵雪梅总想着，要是能安静地睡上一觉该多好，哪怕一两个小时也行。这天是周末，儿媳妇正好在家，赵雪梅感觉实在困得不行，就将两个孩子交给儿媳妇照看一下，自己则回到卧室，头一沾上枕头就沉沉地睡着了。可还没过半个小时，一阵小孩的哭声就把她吵醒了，她睁开朦胧的双眼一看，原来儿媳妇正抱着小孙女站在床前，说孩子总是哭个不停，可能是想奶奶了。说着便将孩子往赵雪梅怀里一放，接着就快步走开了。赵雪梅看着儿媳妇的背影心里一阵委屈，这哪是当奶奶啊，分明是当妈。

儿子和儿媳妇不照看孩子也不体谅老人的做法让赵雪梅很寒心，她觉得有必要跟他们讲讲道理，明白照看孩子是父母的责任，他们不能只顾自己玩乐不管孩子。

晚上，一家人吃完晚饭，儿子和儿媳妇正要回房间，赵雪梅叫住了他们，郑重地说，人都说孩子是父母的心头肉，哪个做父母的回到家不是左亲右抱的？可你们倒好，回到家不是上网就是玩手机，还嫌孩子哭闹。再说，就算不想抱，也总该帮着做些家务，体谅一下父母吧。我又带孩子又做家务，一个人当两个人用，你们看着就心安理得吗？

听到这儿，儿媳妇方静脸上挂不住了，冷冷地说，大街上不都是爷爷奶奶带孩子吗？也没听人家抱怨过。自己每天工作 10 个小时，已经够累的了，晚上再带孩子或做家务的话根本就吃不消。再说了，既然婆婆不喜欢照看孩子干吗不早说，刚结婚就催着自己生孩子的不正是婆婆吗？让自己生了孩子，现在却又不管照顾孩子了，有这样的道理吗？儿媳妇说完这话就气呼呼地回卧室了。

儿子王东见媳妇生气了，也责备母亲说，自己当年不就是奶奶带大的吗？也没听她老人家抱怨过，怎么轮到你就不乐意了。说完就回屋哄媳妇去了。

赵雪梅被儿子和儿媳妇的话呛住了，心里又是一阵委屈。旁边的丈夫一边帮她擦眼泪，一边轻声安慰她说，再忍忍，等两个孩子都上了学就好了。

虽然赵雪梅的谈话被儿媳妇数落了一番，可之后几个月，儿媳妇照看孩子的时间倒是多了起来，虽没帮多少忙，但赵雪梅心里却感觉好受多了。

2013 年春节期间，儿子和儿媳妇突然在家宣布说，在家打工赚的钱都不够自己花的，根本没能力养孩子，两人决定外出打工。赵雪梅夫妻听后一阵酸楚，可也知道是实情，将来孩子上学了，肯定不少花钱。就这样，春节刚过，两人就离开家去了南方，临行前还说，等两人稳定下来，就会按月给家里寄生活费。

之前儿子和儿媳妇在家时，虽没怎么照看孩子，但却会时不时地给孩子买些日常用品，老伴的 2000 多元工资和自己 1000 多元的退休金加起来有 3000 多元，还基本够用，所以从未开口向小两口要过生活费。可自从儿子和儿媳妇离家后，他们的日子就越过越困难，儿子和儿媳妇出门打工半年，因为工作不稳定，从未给家里寄过一分钱。2013 年 7 月，小孙女梅梅得了严重的肺炎，几乎花光了家里所有的积蓄，接着，大孙女兰兰也上了幼儿园，家里的开销也越来越大。而这时，赵雪梅的丈夫也退休了，每个月的收入又少了 1000 多元。赵雪梅想打电话向儿子要钱，丈夫说他们在外也不容易，还是算了吧。

2014 年春节，在外打工一年的儿子和儿媳妇回来了，他们不是回家过年的，而是回来办离婚手续的。儿媳妇方静说，自己厌倦了王东的好吃懒做，去年一整年干了不到半年的活，赚的钱还不够交房租的，自己没法和这种人一起生活了，一定要离婚。赵雪梅一再安慰儿媳妇，可儿媳妇的决心已定。而儿子也对暴脾气的媳妇忍无可忍，同意离婚。

赵雪梅见两人对离婚早已达成共识，担忧地说，如果你们两人离婚了，孩子今后由谁抚养呢？哪知两人对此也早有共识。儿媳妇说，自己的母亲早就不管自己了，更不会帮自己照看孩子。再说，两个孩子都是王家的孙女，本应留在王家。儿子也说，两个孩子跟爷爷奶奶也习惯了，还是由爷爷奶奶继续照顾吧。

听到这里，赵雪梅恼怒了，激动地说，你们俩就这么一拍两散，把两个孩子扔给老人，要知道我和老伴两个人的退休金加起来也才2000多元，哪够养两个孩子的啊！就算我们愿意继续照看孩子，你们作为父母难道就不该尽抚养义务吗？

儿媳妇方静冷冷地说，孩子全归了王家，抚养义务当然也是王家的。儿子王东也接着说，妈，家里就我一个孩子，你们老两口赚的钱迟早不都是给我的吗？把这些钱用在两个孙女身上不也应该吗？你们还计较这些干什么啊？听到儿子和儿媳妇这么说，赵雪梅一阵心痛，竟号啕大哭起来。

赵雪梅的痛哭并没能挽回儿子和儿媳妇的婚姻，也没有改变两个孩子继续由她照看的命运。她抱着两个孙女既心痛又愤怒，心痛的是孩子这么小就没了妈妈，愤怒的是做父母的全然不尽抚养义务。

两人离婚后，前儿媳妇去了南方打工，不久就失去了联系，而儿子则去另一个城市打工，平时连个电话都很少打。

这一年，小孙女也上了幼儿园。为了多赚些钱贴补家用，赵雪梅的丈夫干起了保安，而赵雪梅也趁孩子上学的空当干起了家政。

2014年10月，赵雪梅的小孙女又得了严重的肺炎。看着躺在病床上脸庞憋得通红的小孙女，赵雪梅恨不得生病的是自己，而让她更难受的是，高昂的医疗费无处筹措。这一次，赵雪梅不得已向儿子张了口，心想孩子得了重病，做父母的总该心疼吧？可没想到，儿子却说，自己还是月光族，没有钱给孩子，让父母再想别的办法吧。听到这话，赵雪梅的心凉透了，没想到儿子不但对自己的父母冷漠，对自己的孩子也这般无情。

为了孩子，赵雪梅又想尽办法联系上了前儿媳妇，可话还没说完，就被打断了。前儿媳妇不耐烦地说，离婚协议上写得清楚，两个孩子归父亲，跟自己没关系了。赵雪梅不敢相信自己的耳朵，没想到离婚后，前儿媳妇竟把跟孩子的感情也斩断了，难道母女情分就这么容易断吗？

儿子和前儿媳妇都拒绝为孙女掏医药费，赵雪梅和丈夫对此一筹莫展。跟亲戚朋友也张不开口，再说，亲生父母都不管，还能指望别人吗？赵雪梅将自己珍藏的几件金银首饰拿了出来，交给丈夫，说家里就这些东西还值钱，卖了吧，反正自己老了，也不愿意戴首饰了。老伴接过首饰，双眼含泪地紧紧握住了赵雪梅的手，一句话也说不出来。

因为经济的重负，赵雪梅每日都连轴转，没有半点空闲时间，她把注意力集中在了孩子的吃穿上，至于孩子的情绪，她没有精力顾及。不过她隐隐约约地感觉到自从儿子和儿媳妇离婚后，两个孩子的情绪波动很大，有时特别安静，半天不说话，有时又特别急躁，将东西到处乱扔。而且，两个孩子连饭也不好好吃了，身体日渐消瘦。

2014 年 12 月的一天，赵雪梅接到幼儿园的电话，说孙女兰兰在学校把一个小朋友的手给咬破了。赵雪梅火急火燎地赶到学校，见到兰兰就在她屁股上狠狠地打了几下。兰兰顿时大哭起来，说赵雪梅是坏奶奶，要找爸爸妈妈。听到这话，赵雪梅一阵心酸，抱着孙女也哭了起来。之后，赵雪梅便尽量抽时间跟两个孩子沟通，可两个孩子的境况并不见好转，还更加喜怒无常了。

直到有一天，电视上正在播放一首《世上只有妈妈好》的歌曲，两个孩子竟不约而同地哭了起来，赵雪梅才明白自己可以照顾孙女的衣食住行，却不能填补她们失去父爱母爱的空白。

2015 年春节，赵雪梅让儿子王东无论如何也要回来陪孩子过年。王东两手空空地回到了家，他看到两个女儿都比先前瘦了许多，突然一阵心疼，质问母亲赵雪梅说，你是怎么照看孩子的，把孩子弄得瘦小如柴的。赵雪梅听到这话一阵委屈，这些年来积压的怨气一起爆发了。她愤怒地朝儿子吼道，我是怎么照看孩子的，那你又是怎么当爸爸的？孩子住院没钱时你怎么不心疼？她们小小年纪就没了妈妈，你怎么不在乎？那么干脆地就把婚离了，你够格当爸爸吗？！赵雪梅越说越激动，瘫倒在沙发上抱着两个孩子大哭起来。

王东没想到母亲会有这么大反应，便拿起衣服和行李离开了家，整个春节再也没回来，连手机都关机了。两个孩子见到爸爸之后的兴奋转瞬就变成了失望，春节的热闹气氛也没有给这个家增添半点暖意。赵雪梅本指望儿子能认识到错误，体谅一下父母，关爱一下孩子，可没想到儿子竟从此一走了之。

赵雪梅越想越生气，她决定通过法律手段给儿子和前儿媳妇一些教训，让他们明白抚养子女是父母的责任，不仅是物质上的，而且是心灵沟通上的。

2015 年 3 月，赵雪梅将儿子王东和前儿媳妇方静一同告上了法庭，向他们索要自 2009 年 3 月至 2015 年 2 月将近 6 年的时间里的"带孙费"，共计 60000 元。

接着便出现了本案开头的一幕。此案在 2015 年 4 月开庭，一时间成了街头巷尾的热议话题。

法庭上，原告赵雪梅边说边擦眼泪，最后她沉痛地说，自己当年将儿子交给奶奶抚养也是出于无奈，可就是因为自己没尽到抚养义务，才让儿子这么没责任心，也才让他觉得奶奶抚养孙女是理所应当。自己只能让孙女吃饱穿暖，对于父母关爱的缺失，她实在无能为力。自己不想让两个孙女长大以后也像她们的父母一样无情无义，才不得已选择了对簿公堂这条路。说到这里，赵雪梅再也说不下去了，掩面大哭起来。

一开始，被告王东对母亲的陈述还不以为然，在听完母亲的陈述后，他一脸羞愧，默默地低下了头。前儿媳妇方静在开始时也时有反驳之声，可当听到两个女儿的境况时也流下了眼泪。

那么，作为奶奶的赵雪梅索要"带孙费"的请求，能否获得法律支持呢？

● 律师说法：抚养义务 >>>

抚养义务，是指父母对未成年子女有抚养教育的法定义务，父母对子女的"抚养费"包括子女的生活费、教育费、医疗费等费用。

根据相关法律规定，抚养教育未成年子女是父母的法定义务。在父母有抚养能力的情况下，小孩的爷爷奶奶（即祖父母）或外公外婆（即外祖父母）对自己的孙子女或外孙子女并没有法定抚养教育义务。

回到本案中，被告人王东和方静对两个孩子负有法定抚养义务，而作为奶奶的赵雪梅对两个孙女没有法定或约定的抚养义务，赵雪梅帮助王东和方静照顾两个孩子，在两人外出期间代为抚养且支付了必要的抚养费，有权要求两人偿还为此而支付的"带孙费"。

● 法条链接 >>>

《中华人民共和国民法典》

第一千零五十八条 【夫妻抚养、教育和保护子女的权利义务平等】夫妻双方平等享有对未成年子女抚养、教育和保护的权利，共同承担对未成年子女抚养、教育和保护的义务。

第一千零六十七条 【父母的抚养义务和子女的赡养义务】父母不履行抚养义务的，未成年子女或者不能独立生活的成年子女，有要求父母给付抚养费的权利。

成年子女不履行赡养义务的，缺乏劳动能力或者生活困难的父母，有要求成年子女给付赡养费的权利。

第一千零七十四条 【祖孙之间的抚养、赡养义务】有负担能力的祖父母、外祖父母，对于父母已经死亡或者父母无力抚养的未成年孙子女、外孙子女，有抚养的义务。

有负担能力的孙子女、外孙子女，对于子女已经死亡或者子女无力赡养的祖父母、外祖父母，有赡养的义务。

第一千零八十四条 【离婚后的父母子女关系】父母与子女间的关系，不因父母离婚而消除。离婚后，子女无论由父或者母直接抚养，仍是父母双方的子女。

离婚后，父母对于子女仍有抚养、教育、保护的权利和义务。

离婚后，不满两周岁的子女，以由母亲直接抚养为原则。已满两周岁的子女，父母双方对抚养问题协议不成的，由人民法院根据双方的具体情况，按照最有利于未成年子女的原则判决。子女已满八周岁的，应当尊重其真实意愿。

最终法院依法作出判决，被告王东、方静每月各负担两个孩子的抚养费 500 元。自 2009 年 3 月至 2015 年 2 月的"带孙费"，共计 60000 元，每人承担 30000 元，此项费用考虑到两人目前经济困难，可以与原告商议后分期支付。

接到判决书，儿子王东无条件接受，表示以后一定会好好地赚钱，帮父母分担压力。方静也觉得确实亏欠了孩子，表示自己会按月支付抚养费，也会常来看看孩子。

案件虽然结束了，可赵雪梅这个"奶妈"还得继续当下去。让她欣慰的是，儿子比以前踏实肯干多了，前儿媳妇来看孙女的次数也日渐多了起来，两个孙女的情绪也日渐有了好转。

● 案件感言：家庭生活与法定义务 >>>

父母对子女有物质抚养和教育两方面义务，爷爷奶奶可在物质抚养上帮忙，但在教育上却往往力不从心。爷爷奶奶大多采用溺爱的管教方式，较多地给予物质上的满足和宽容放任，而较少精神、道德上的管束和引导。另外，祖孙辈年龄差距大，"代沟"十分明显，也难以相互沟通。因此，为了子女的健康成长，父母还是应该尽量自己承担起教育子女的责任。

"丢失"的养老钱

◈ 摘　要：一位老大爷身患癌症，想抵押自己的房子贷款治病，却被同居的女友一家赶出了自家家门……

一对老夫妻的女儿意外去世，女儿生前曾向父母借款 12 万元，如今女婿赖账，还说父母给子女的钱是无偿赠与，无须返还……

◈ 关键词：不当得利与赠与　父母给子女的钱是否可视为无偿赠与

日常生活中，不论是恋人之间还是父母子女之间，总会有或多或少的经济往来。一般情况下，因为感情亲情的缘故，不会产生大的经济纠纷，可一旦感情破裂，或者亲情出现变故，经济纠纷就可能会出现。以下就是有关这方面的两个案例。

2019 年春节前的一天早上，某县一居民楼内突然传出猛烈的踹门声。踹门的是一位老大爷，他一边踹门，一边大骂屋里的一家人是白眼狼，说自己出钱买了这套房子，如今却要被赶出去。再看老大爷身旁，是一大堆散落的衣物，像是被人随意丢出来的。

老大爷踹了半天门，屋里的人始终不给开门，老大爷绝望了，忽然他用力以头撞门，大喊要撞死在门口。就在这时门开了，一个年轻男子直接冲了出来，一脚将老大爷踹倒，高喊着让老大爷到别处死去，别弄脏了自家房子。他身后还走出来一老一少两个妇女，两人也对老大爷骂骂咧咧。老大爷气不过，爬起来就跟年轻男子扭打在一起。可老大爷哪是年轻男子的对手啊，三两下就被打趴下了，还被年轻男子骑在身上猛揍。周围有邻居看不下去了，赶忙劝架，还有邻居直接报了警。很快民警赶到，老大爷"扑通"一声跪在民警面前，说房子是他的，被别人霸占了，让民警为他主持公道。

人们不禁好奇，老大爷跟屋里的一家人究竟是什么关系？为什么这家人会住在老大爷的房子里？还有，这家人为何反客为主要将老大爷赶出他自己的房子呢？

紧接着，老大爷就向民警诉说这件事的来龙去脉。

事情还得从 3 年前说起。老大爷名叫刘德胜，68 岁，10 年前独生女儿远嫁外地，不久妻子也因病去世，家里就只剩下他一个人。退休后的刘德胜忽然觉得生活平淡无聊，远嫁的女儿让他到自己家养老，可他因难以割舍对家乡的感情，决定独自留在老家县城养老。

为充实退休生活，刘德胜开始跳广场舞。2016 年夏天，他在跳舞时结识了一个名叫张大芬的女子，52 岁，是个农村家庭妇女，几年前跟丈夫离婚，现在跟女儿和女婿一起生活，给女儿一家照看孩子。

张大芬常约刘德胜一起去跳广场舞，有时还主动去刘德胜家，为刘德胜做饭和洗衣服。刘德胜再次感受到家的温馨，非常感激张大芬，还渐渐喜欢上了她。一天，刘德胜询问张大芬是否愿意跟自己在一起，张大芬欣然同意，还说自己也很喜欢刘德胜。就这样两人开始了黄昏恋，没多久还同居了。

两人同居后，刘德胜的生活突然变得热闹起来，他身边不但有了一个"温柔体贴"的老伴，还多了一对"孝顺"的女儿女婿。这对"孝顺"的女儿女婿就是张大芬的女儿和女婿。小夫妻俩非常支持刘德胜和张大芬的恋情，还常带着 5 岁的儿子去探望两位老人。家里有什么脏活重活，夫妻俩也都抢着干。

一次刘德胜外出被车撞了，是张大芬的女婿杜伟一直为其跑前跑后忙碌着，还彻夜不眠地在医院伺候着。刘德胜非常感激杜伟，同时也很庆幸，自己身边有张大芬一家人，不然他一个人孤苦伶仃，遇到这种事真不知道该怎么办。正因为此，刘德胜有了跟张大芬结婚的想法。

为了表达诚意，刘德胜送给张大芬一条上万元的金项链。张大芬愉快地接受了项链，却拒绝跟刘德胜结婚，理由是不想再受婚姻的束缚了，而且两人都是老年人了，结不结婚无所谓。刘德胜听后一阵失落，张大芬忙发誓说，虽然自己不愿跟刘德胜领结婚证，但保证会像妻子一样陪伴刘德胜终老。杜伟夫妻也保证说，两人会一如既往地孝顺刘德胜。此后两人还直接叫刘德胜"爸爸"，刘德胜听后心里乐开了花，认为自己老年有了依靠。

突如其来的幸福让刘德胜有些不知所措，但很快他就面临着艰难的抉择，原来，杜伟夫妻的这声"爸爸"可不是白叫的。

2017 年初，夫妻俩来探望刘德胜时满面愁容，唉声叹气。刘德胜忙问两人有什么难处，夫妻俩于是说出内情，原来两人都来自农村，现在在县城租房居住，名下没有房产，眼看儿子要上小学了，却因为无固定住房而不能报名入学。他们有心在县城买房，可两个人都是普通打工族，收入微薄，连买房的首付款都拿不出。刘德胜为他们难过不已。就在这时，夫妻俩提出想让刘德胜帮他们买房，并许诺等房子装修好后，愿意接刘德胜和张大芬一起居住，共享天伦之乐。

刘德胜起初不情愿，张大芬却说，如果刘德胜不能帮女儿女婿在县城买房，那外孙就不能在县城上学，只能回农村，到时自己就不得不离开刘德胜，回农村照顾外孙去了。刘德胜不愿张大芬离开自己，在他心里，他早将张大芬当妻子看待了，就连杜伟夫妻，他也将他们视为亲人。回想起过往张大芬一直对自己温柔体贴，杜伟夫妻也一直对自己孝敬有加，再联想到自己的独生女儿不能在跟前尽孝，他只能将希望寄托在别人子女身上，而既然要享受别人子女的"孝顺"，也就必须有所付出才行。随后刘德胜打电话询问亲生女儿的意见，女儿没反对，认为有人愿意代替自己在身边孝顺父亲是件好事。

就这样，刘德胜决定出资为杜伟夫妻买房，以换取他们将来一如既往地"孝顺"自己。刘德胜拿出几乎全部积蓄 30 万元，替杜伟夫妇看中的房子交了首付款，因为刘德胜名下已有一套住房，张大芬便建议将这套房登记在自己名下，这样买房的时候就可以少交税。刘德胜没多想，认为能省则省，便答应了，并以自己的名义申请了银行贷款 40 万元，此后他一直按期还贷款。

刘德胜新买的房子很快交付使用，接下来就要装修和买家具家电，费用大概需要 15 万元。刘德胜再也拿不出钱了，希望杜伟夫妇出这部分钱，可夫妻俩一再哭穷，总说没钱。这时张大芬便劝说刘德胜卖掉现在住的老房子，因为新房装修好后，两人就要搬到新房去住了，老房子留着也没用。刘德胜虽然不舍，但也没别的办法，便卖了老房子，共得房款 35 万元，拿出 15 万元给新房子装修，置办家具家电，还剩下 20 万元，刘德胜准备留着养老。

随后，刘德胜和张大芬一家人都搬进了新房子，起初张大芬一家人对刘德胜的态度都还不错，可慢慢地刘德胜就成了被他们嫌弃的对象。这究竟是怎么回事呢？

原来，张大芬一家人都盯上了刘德胜手里剩下的 20 万元养老钱，家里有什么花钱的地方，比如，交水电暖物业费、家里有人生病住院、给孩子报课外辅导班，甚至走亲访友送礼等，都要刘德胜掏钱，而张大芬每月还向刘德胜要 1500 元生活费。

起初刘德胜没说什么，随着自己手里的养老钱越来越少，他变得越来越不满，认为杜伟夫妻都有收入，也应该承担家庭开支，不能凡事都向自己要钱。可杜伟夫妻却认为这是刘德胜作为家长应该承担的责任，依旧不承担家庭开支。

一天，杜伟夫妻竟提出要刘德胜出资 10 万元，帮助他们开家小超市。刘德胜断然拒绝，说自己手里的钱已不足 10 万元，必须留着养老。杜伟夫妻对此非常失望，自此也不再叫刘德胜"爸爸"了，改成直呼其名了。而张大芬呢，对刘德胜也不再温柔体贴，开始不断地唠叨他不肯资助自己的女儿女婿，就是没把女儿女婿当成亲生子女。

刘德胜甭提多郁闷了，这时的他才意识到张大芬一家人此前对自己的好，都是冲着自己的钱，现在他不愿再给这家人花钱了，这家人的真面目也就露出来了。刘德胜开始后悔，等有一天自己再也拿不出一分

"丢失"的养老钱

钱，甚至成了累赘，张大芬一家人会不会将自己扫地出门？很快，他的这种担心就变成了现实。

2019年初，刘德胜突感身体不适，他到医院检查，被查出胃癌晚期，需要持续治疗，费用需要几十万元。此时刘德胜手里只剩五六万元存款，根本不够。刘德胜认为自己多年来为张大芬一家付出那么多，买房装修等花光了所有的钱，现在该是他们回报自己的时候了。不过道理虽然如此，刘德胜对这家人并不抱太大希望。

果不其然，刘德胜刚提出让张大芬一家帮助自己治病一事，就遭到了张大芬一家人异口同声地拒绝，他们甚至举了几个做完癌症手术后不久就去世的例子，劝刘德胜放弃治疗，把钱省下来，留着办个风光的葬礼。

刘德胜非常失望，便提议用房子抵押贷款给自己治病，虽然买房时为了省税，房子登记在了张大芬名下，但却是自己出钱买的，也是自己装修的。他的这个决定随即又被张大芬一家断然拒绝，张大芬还直接向刘德胜提出了分手，说自己不想下半辈子被刘德胜这个病人拖累。刘德胜甭提多寒心了，懊悔自己当初看错了人，本以为可以相伴终老，没想到自己一生病，张大芬就要离开自己。当晚，刘德胜一夜辗转未眠，带着满腹的悔恨和伤痛。

第二天一早，刘德胜外出散心，没想到回来一看，张大芬一家竟将他的衣物扔出了门外，还反锁了门。这就到了本案开头的一幕，刘德胜悲愤交加，踹门不止，还想要撞死在门口，结果被杜伟打了一顿，随后民警介入。

刘德胜想要民警帮自己讨回房子，对此民警表示，房产属于民事纠纷，建议刘德胜走法律程序。

刘德胜的女儿得知此事后，第一时间赶到父亲身边，为父亲聘请了律师。很快，刘德胜就以不当得利为由将张大芬告上了法庭，要求其归还住房，或折价还款。

然而法庭上，张大芬却坚称房子是刘德胜对自己的合法赠与，不应

当返还。那么张大芬的说法站得住脚吗？

● **律师说法**：不当得利与赠与 >>>

不当得利是指没有合法依据，有损于他人而取得利益。赠与是赠与人将自己的财产无偿给予受赠人，是财产所有权的合法转移。

两者的获得方式不同：不当得利是由于受害人疏忽、误解或过错所造成的，受益人与受害人之间因此形成债的关系。赠与是赠与人将财产无偿给予受赠人、受赠人表示接受的一种行为。

两者的法律后果也不同：不当得利需要返还，而赠与在一般情况下不用返还。

本案中，刘德胜出资购买、装修涉案房屋是基于与张大芬的恋爱关系，以及与张大芬一家人长期共同居住、生活的意愿，且花费金额巨大，超越了正常人际关系间的赠与数额。且刘德胜也并没有赠与的任何意思表示，认定为赠与与常理不符，因此对方构成不当得利。

● **法条链接** >>>

《中华人民共和国民法典》

第九百八十五条 【不当得利定义】得利人没有法律根据取得不当利益的，受损失的人可以请求得利人返还取得的利益，但是有下列情形之一的除外：

（一）为履行道德义务进行的给付；

（二）债务到期之前的清偿；

（三）明知无给付义务而进行的债务清偿。

第九百八十七条 【恶意得利人返还义务】得利人知道或者应当知道取得的利益没有法律根据的，受损失的人可以请求得利人返还其取得的利益并依法赔偿损失。

法院考虑到，刘德胜与张大芬在产生纠纷前已享有了一定时期的居

"丢失"的养老钱

住权，而涉案房屋价值并未贬损。最终，法院决定对房屋的装修、家具家电等物品的价值予以折旧，该部分总金额酌定为 10 万元，再加上首付款 30 万元，后期还房贷 12 万元，张大芬及其家人应返还刘德胜总计 52 万元。

接到判决书，张大芬虽然表示失望，但对判决本身却提不出异议，只能执行。因拿不出钱还刘德胜，张大芬只好将房屋出售，所得卖房款在还完剩余房贷后，全部都还给了刘德胜。张大芬一家又重新开始了租房生活，了解内情的人都对忘恩负义的这家人指指点点，让这家人在人前都抬不起头来。

刘德胜虽然赢了官司，却一点儿也高兴不起来，一想到过去张大芬一家人挖空心思地骗自己的钱，他就觉得愤恨不已。官司结束后，刘德胜被外嫁女儿接到了自己家，在当地接受治疗。

刘德胜与张大芬并未结婚，与其家人也无亲属关系，最终拿回曾资助买房和装修的资金，也在情理之中。如果是资助亲生子女，这钱还能要回来吗？我们来看第二个案例。

2019 年 5 月的一天，年近七旬的郭怀远和老伴正在家里看电视，突然他们接到女婿张浩打来的电话，说两位老人的女儿郭琳琳突发脑溢血，现正在医院抢救。郭怀远夫妻俩听后紧张得不行，立马打车到医院，在手术室外焦急地等了好几个小时，等到的却是女儿的死讯。

夫妻俩就郭琳琳这么一个女儿，他们做梦也没想到女儿会先他们而去，这种白发人送黑发人的痛苦一度让夫妻俩一蹶不振。本来夫妻俩还指望女儿为他们养老送终的，现在他们只能靠自己了。他们拿出银行存折，查看还有多少存款，突然他们想到一件事，那就是女儿生前曾向他们借款 12 万元，至今未还。

女儿郭琳琳于 10 年前跟张浩结婚，婚后育有一女。5 年前，夫妻俩决定买房，因钱不够，郭琳琳向父母求助。郭怀远夫妻都是企业退休职工，退休金不高，夫妻俩还都有一些慢性疾病，需要长期服药，因此每月能攒下的钱不多。但即便如此，郭怀远夫妻也不愿女儿因为钱为难，他们拿出一张 12 万元的存折交给女儿，由女儿自行去取款交房款。

借钱时，女儿郭琳琳曾表示她会和丈夫张浩一起还父母的钱，可直到女儿去世，他俩也未还给父母一分钱。期间，出于对女儿的信任，郭怀远夫妻俩并没有催要过借款，他们总认为女儿女婿不会赖账。如今，女儿突然去世，这让郭怀远夫妻不但失去了未来的依靠，还损失了 12 万元养老钱。

郭怀远夫妻一想到未来的生活就满脸愁容，如果这 12 万元养老钱要不回来，将来两人的养老就会成问题。他们认为虽然女儿去世了，但女婿还在，而且现在就住在新买的房子里，郭怀远夫妻计划向女婿张浩要回借给女儿的 12 万元购房款。

这天，郭怀远夫妻来到女婿家，本来女婿对他们还挺客气，可一听夫妻俩是来讨债的，顿时变了脸，说从始至终都不知道郭琳琳曾向父母借钱的事，还让郭怀远夫妻俩拿出借条来。夫妻俩没有借条，因为郭琳琳借钱时，他们出于对女儿的信任，没有让女儿打借条。夫妻俩面面相觑，一时不知道该怎么办才好。就在这时，女婿张浩又说，即便郭琳琳曾向老人借钱的事属实，从当今的社会风俗来说，父母资助子女买房是天经地义的事，没有要归还的道理。

郭怀远夫妻听后气得不行，怎么欠债不还，还有理了？父母的钱也是辛苦攒下的，为什么不能讨要？再说，当时女儿郭琳琳借钱是为了买房，如今女儿去世，房子被张浩独占，难道不该将借的钱还给他们吗？

郭怀远夫妻越想越生气，于是将女婿张浩起诉至法院，要求张浩偿还借款本金 12 万元。

在诉讼过程中，郭怀远夫妻说，借款时他们是直接将自己的存折交给了女儿郭琳琳，让其自行取款的，因此当时的银行取款凭证上面有郭琳琳的亲笔签名，这可以证实他们曾将钱借给郭琳琳。

被告张浩对此不予认可，并辩称，对于妻子郭琳琳拿着父母的存折取款，自己并不知情，且双方并无借据，故不存在借贷关系。另外，即便上述事实存在，也应视为父母对子女的经济帮助，属无偿赠与。那么张浩的这种说法正确吗?

● **律师说法：父母给子女的钱是否可视为无偿赠与 >>>**

父母给予成年子女经济帮助在生活中非常普遍，且多数情况下并未明确是借款或赠与，正因为如此，被很多人理解为父母的经济帮助属于理所当然，是父母对子女应尽义务的延伸。

然而，我国法律明确规定，父母抚养子女的义务，仅限于未成年子女或不能独立生活子女。父母对其个人财产享有处分权，是否资助成年子女由其自由决定。给子女经济帮助，除父母有明确表示赠与的意思表示外，均应当将其视为以帮助为目的的临时性资金出借，子女负有偿还义务，不能视为当然的赠与。因此，郭琳琳从父母处获得的金钱支持应是民间借贷，而非赠与，应当返还。

本案中，郭怀远夫妻与其女儿郭琳琳虽无书面借据，但双方系父母子女关系，出于信任或碍于情面而未写借据。在生活中，这种情形时有发生，并且郭怀远夫妻提供了其与借款人借贷关系的证据，能够证明郭怀远夫妻与郭琳琳借款合同成立及生效。鉴于对借款利息、还款期限均未作出约定，本案借款应为无息借款，且可随时要求履行。因借款发生在郭琳琳与被告张浩夫妻关系存续期间，且用于购房，所以应认定为夫妻共同债务，现借款人郭琳琳已去世，被告张浩应承担还款责任。

● **法条链接 >>>**

《中华人民共和国民法典》

第一千零六十四条 【夫妻共同债务】夫妻双方共同签名或者夫妻一方事后追认等共同意思表示所负的债务，以及夫妻一方在婚姻关系存续期间以个人名义为家庭日常生活需要所负的债务，属于夫妻共同债务。

夫妻一方在婚姻关系存续期间以个人名义超出家庭日常生活需要所负的债务，不属于夫妻共同债务；但是，债权人能够证明该债务用于夫妻共同生活、共同生产经营或者基于夫妻双方共同意思表示的除外。

最终，法院判决被告张浩偿还原告郭怀远夫妻借款本金 12 万元。

随后张浩依照判决还给了郭怀远夫妻 12 万元，一段时间内张浩都拒绝再跟郭怀远夫妻俩来往，但张浩的女儿却越发思念姥姥和姥爷，不得以张浩带着女儿去探望郭怀远夫妻，一家人又重归于好。

● 案件感言：婚恋生活与财产处理 >>>

恋人毕竟不是夫妻，若涉及经济往来，应该保持谨慎，大额转账一定要保存记录，对于一些重要事项也要注意保存相关证据，以免分手后给自己造成损失。就如案例一中的刘德胜，差点就被恋人一家骗得一无所有。另外，父母对成年子女给予经济支持并非天经地义，相反，成年子女对老年父母给予经济帮助倒是理所应当。

老 人 的 遗 产

◈ 摘　要：周宏光赡养姨妈多年，姨妈生前将自己的存折给了他。姨妈去世后，从未对姨妈尽孝的养子竟找到周宏光讨要存折……

赵连明照顾非亲非故的孤寡老人数十年，老人死后，其宅基地拆迁获百万元补偿款。赵连明想继承，便向法院提起了继承诉讼……

◈ 关键词：非继承人是否可以继承遗产　宅基地是否属于遗产

2019年清明假期的一天上午，北方某农村一户村民家忽然吵闹起来，两名男子你推我搡地厮打在一处。突然，其中一位腿部有残疾的男子跌倒在地上，另一位中年男子趁机坐到他的身上，对其一阵猛打，残疾男子痛得嗷嗷直叫。周围邻居听到动静后，赶忙过来劝解，残疾男子这才得以站起来。打人男子不解气，指着残疾男子破口大骂道："老不死的，你今天不把我妈的存折给我，我就弄死你！"说罢还朝残疾男子亮了下拳头。残疾男子气得满脸通红，情绪激动地说："存折是姨妈主动给我的，你这个不孝子，不配得到存折。"打人男子一听大怒，举手又要打残疾男子，好在被邻居拦住了，而残疾男子因为害怕，随即报了警。

人们不禁好奇，两名男子究竟是什么关系？他们口中的存折究竟是谁的？里面有多少钱？如今到底该归谁所有呢？

很快，民警赶到，残疾男子像是看到了救星，赶忙将民警让进屋里，对民警讲述了事情的经过。

残疾男子名叫周宏光，现年60岁，10年前在外打工时从脚手架上摔了下来，虽然保住了性命，却落了个腿部终身残疾，不能再外出打工了，只能在农村老家守着几亩田地生活。

周宏光有一个姨妈，人称张老太，80多岁，跟周宏光住在同一个村。张老太年轻时生过一个儿子，但儿子在两三岁时就病死了，此后张老太就未再怀孕生子。为弥补无子女的缺憾，30年前，张老太和丈夫收养了一名年幼的养子，是外村的孤儿，后改名刘伟。双方的收养关系后来还经过了公证确认。

8年前，张老太的丈夫遭遇交通事故去世，获得赔偿金40万元，全部存进了张老太的账户。养子刘伟原本在南方打工，后来返回家中，为养父操办丧事。处理完丧事，刘伟便向张老太索要养父的赔偿金。张老太当即拒绝，说自己年龄大了，需要留着钱养老。刘伟非常不满，一赌气又回到南方打工去了，不久还在当地娶了媳妇，当了上门女婿，此后就再未回老家探望过张老太，连电话都很少打给张老太。

周宏光不忍心看着姨妈张老太孤苦伶仃，无人照顾，便主动照料起姨妈的日常生活起居来，每天按时给张老太送饭，还帮她做些力所能及的家务。张老太生病住院期间，也都是周宏光陪床照顾，养子刘伟根本联系不到人。张老太对刘伟非常失望，认为他是白眼狼。而对于外甥周宏光，张老太满心感激，考虑到周宏光身有残疾，家里经济状况不好，她时常拿出钱来接济周宏光。

后来张老太因为行动不便，取款麻烦，索性直接将自己的存折和密码都给了周宏光，让周宏光需要钱时就自己去取，而她今后的生活所需就直接由周宏光负责了。接手了张老太的财产后，周宏光心中认定，张老太已经将其当成了遗产继承人。为不辜负张老太的信任，此后周宏光对张老太照顾得更加细心周到。

不久，周宏光的儿子谈了女朋友，两人想在县城买房结婚，可周宏光连首付的钱都拿不出，这可急坏了一家人。这时周宏光想到了帮姨妈张老太保管的存折，存折里有30多万元存款。周宏光心想，反正姨妈暂时用不到这笔钱，不如先拿出一部分钱给儿子买房，等将来儿子挣了钱再把钱还给姨妈。于是，周宏光从张老太的存折里转账给儿子20万元，用于买房，后来他又转账 8 万元，用于新房的装修和其他家庭开支。关于挪用张老太的钱给儿子买房和装修的事，周宏光从未告诉过张老太，他担心张老太会不同意。

2019 年初，张老太突发脑溢血去世。周宏光本想通知张老太的养子刘伟，怎奈刘伟多年未回家，也未打过电话，根本联系不上。于是周宏光独自为姨妈张老太料理了后事。此后张老太的存折就被周宏光据为己有了，此前儿子买房装修花的 28 万元也就不必再还了。存折里还剩几万元，周宏光打算留着给自己养老。

可没想到几个月后的清明节，张老太的养子刘伟竟突然回家了，还找上门来。这天，周宏光正在院子里扫地，突然刘伟气冲冲地进了门。他质问周宏光，养母张老太去世为何不通知他来奔丧；另外，他还要求周宏伟把养母的存折还给他。

周宏光顿时不知所措，心想，刘伟是合法的养子，按说张老太死后，存折里的钱应该是他的。可周宏光转念又一想，是自己给张老太养老送终的，虽然自己不是亲生儿子或养子，但却对张老太尽了赡养义务，而且自己还是张老太的亲外甥，比刘伟这个养子还有血缘关系，于情于理，存折都应该归自己。想到这里，周宏光断然拒绝了刘伟的要求，还说存折是张老太留给自己的遗产。刘伟一听就急了，接着就到了本案开头的一幕，刘伟痛打了周宏光一顿，后来被邻居制止，随后周宏光报了警。

听完周宏光的讲述，民警不禁好奇，既然刘伟在养父去世后已经一走了之了，为何在养母去世后又突然回来了，而他又是如何得知养母的存折在周宏光手里的呢？

刘伟见民警问起，忙解释说，自己年幼时，亲生父母双双病逝，成了孤儿，后来被张老太夫妻收养。养父对自己一直疼爱有加，但养母张老太却动辄就打骂自己，嫌自己不是亲生的。后来，养父出了交通事故去世，自己本想用养父的赔偿款在打工的城市买房娶媳妇，可养母不给，自己便一气之下跟养母断了联系。今年清明节，自己突然想回老家给养父扫墓，回到家才得知养母也去世了。刘伟不免一阵悲伤，但紧接着他就想到了养母的存折，认为养母平时生活节俭，存折里应该还剩不少钱，可养母已经去世了，去哪里找存折呢？

刘伟便开始打听，得知养母生前一直是由周宏光照顾，刘伟便认定养母去世前一定将存折给了周宏光，于是他便来找周宏光索要存折了。刘伟认为，自己身为张老太的养子，是张老太唯一的继承人，张老太存折里面的钱理应由自己继承，周宏光无权据为己有。

民警了解情况后，派出所对刘伟殴打周宏光的行为，处以 500 元罚款的行政处罚；对于张老太遗产的问题，民警建议刘伟通过法律程序解决双方的分歧。

刘伟在多次索要存折无果后，一纸诉状把周宏光告上了法庭。他认为周宏光利用亲戚身份骗取张老太的信任，对张老太的存折进行控制，周宏光应返还不当得利 28 万元。

庭审中，周宏光辩称，自己与张老太虽然仅是姨和外甥的关系，但张老太的生活起居一直都由自己照料，除了生活费，看病用药也花去不少钱财。他认为，刘伟在此期间并没有尽到身为养子的赡养义务，不应分得张老太的遗产，而自己既然尽了赡养义务，就应该获得遗产。那么周宏光作为法律上的非继承人可以继承遗产吗？

● 律师说法：非继承人是否可以继承遗产 >>>

继承权，是指继承人依法取得被继承人遗产的权利。按我国法律规定，享有继承权第一顺序的是：配偶、子女、父母；第二顺序的是：兄弟姐妹、祖父母、外祖父母。

根据相关法律规定，不是继承人，但对被继承人扶养的缺乏劳动能力又没有生活来源的人，或者对被继承人扶养较多的人，可以分给适当的遗产。而在分配遗产时，既要考虑这些可分得适当遗产人的情况，也要考虑他们对被继承人尽扶养义务的多少，尽义务多的多分，尽义务少的少分，还要把他们与其他法定继承人相比，综合考虑，分给适当遗产。

本案中，周宏光并不是张老太的法定继承人，但其依靠对被继承人张老太生前扶养，分给其适当的遗产符合被继承人的生前意愿。此外，周宏光也对张老太的晚年生活几乎尽了全部义务，依法可以分得适当的遗产。

● **法条链接** >>>

《中华人民共和国民法典》

第一千一百二十七条 【法定继承人的范围及继承顺序】遗产按照下列顺序继承：

（一）第一顺序：配偶、子女、父母；

（二）第二顺序：兄弟姐妹、祖父母、外祖父母。

继承开始后，由第一顺序继承人继承，第二顺序继承人不继承；没有第一顺序继承人继承的，由第二顺序继承人继承。

本编所称子女，包括婚生子女、非婚生子女、养子女和有扶养关系的继子女。

本编所称父母，包括生父母、养父母和有扶养关系的继父母。

本编所称兄弟姐妹，包括同父母的兄弟姐妹、同父异母或者同母异父的兄弟姐妹、养兄弟姐妹、有扶养关系的继兄弟姐妹。

第一千一百三十一条 【酌情分得遗产权】对继承人以外的依靠被继承人扶养的人，或者继承人以外的对被继承人扶养较多的人，可以分给适当的遗产。

最终，法院对这起案件作出判决，酌情按40%的比例确定周宏光的遗产份额，扣除其应得部分和张老太数年的花费后，周宏光应返还刘伟8万余元。

接到判决书，刘伟后悔不已，如果当初他能赡养养母张老太，张老太所有的遗产都将是他一个人的，也就没有周宏光分得遗产的事了。而刘伟不赡养老人的行为不仅违法，也不道德，最终让他遭受了巨大财产损失。

周宏光赡养姨妈多年，代其养子尽了孝心，最后分得部分遗产，无可厚非。而接下来这个案例，主人公与老人非亲非故，却获得了老人百万元遗产的一半，这又是怎么回事呢？

2019年5月的一天，家住北方某农村的赵连明正在家看孙子，突然，村委会主任到访，进门就冲赵连明喊道："李玉花的宅基地刚批下来了，可她人死了怎么办？"赵连明先是一愣，接着随口说道："人死了还要宅基地干吗，自然是申请注销啊。"听完赵连明的话，村委会主任笑了，直说赵连明傻。原来，村里马上要搞拆迁了，李玉花获批的宅基地有90平方米，能分得100多万元拆迁款，这可是一笔巨款啊！

赵连明听后恍然大悟，可李玉花跟自己非亲非故，他的宅基地跟自己有什么关系啊？难道自己还能继承她的宅基地？村委会主任说这事还真有可能。这就奇怪了，赵连明和李玉花非亲非故，他为何能继承李玉花的宅基地呢？事情要从李玉花和赵连明的关系说起。

20世纪50年代，李玉花嫁到本村，成了赵连明家的邻居，婚后育有一子。李玉花跟赵连明的母亲同龄，两人特别聊得来，而李玉花的儿子也跟赵连明差不多大，两个孩子整日一起玩，因此两家平时走动特别频繁，简直亲如一家。可惜好景不长，李玉花的儿子在10多岁时不幸因病去世，而几年后，她的丈夫也在一次意外事故中丧生，自此李玉花就成了无依无靠的寡妇。

赵连明母亲对李玉花的悲惨遭遇深感同情，为了给李玉花宽心，她甚至想让赵连明认李玉花当干妈，后因赵连明父亲不同意而不了了之，但自此李玉花已将赵连明视为干儿子。

20世纪80年代初，赵连明20多岁，到了找对象的年纪，李玉花四处打探，帮赵连明在邻村物色了一位好姑娘，很快两人结婚，婚后接连生了一儿一女。此时的赵连明感觉无比幸福，父母健康，儿女双全，还有娇妻相伴，可惜随后这个幸福美满的家庭就被一场车祸给摧毁了。一天，赵连明的父母骑车去镇上赶集，回来的路上被一辆失控的拖拉机所撞，不幸双双遇难。

此后赵连明的精神和身体都垮了，整日沉浸在失去双亲的痛苦中不能自拔，连妻儿都不管不问了。这时李玉花开始比以往更频繁地进出赵连明家，一边帮赵连明的妻子带孩子，一边耐心开导赵连明。赵连明慢慢地从痛苦中走了出来，心里充满了对李玉花的感激，两人的关系也较以往更亲近了。

赵连明心想，自己没了父母，李玉花没了儿子和丈夫，两人都是苦命人，不如就搭伙当一家人过日子吧，也好有个照应。自此，赵连明就将李玉花当成自家长辈孝敬了。

20 世纪 90 年代末，赵连明家翻盖了新房子，宽敞亮堂，房间也多，而李玉花家的房子早已破旧不堪，赵连明就有心将李玉花接到自己家住。起初他的这个建议被李玉花拒绝了，理由是，两人虽然是好邻居，但却非亲非故，自己年龄大了，不想给赵连明一家添麻烦。

几个月后，一连几天，赵连明都没看到李玉花的身影，便去其家中探望，这才发现李玉花得了重感冒，正在发高烧，她没吃没喝，家里也没药。看到这一幕，赵连明顿时流下了眼泪，他赶忙将李玉花送去了医院，出院后就直接将李玉花接回了自己家，不再让其回家居住，还说今后要将李玉花当母亲一样侍奉，让其安心在自己家颐养天年。

李玉花感动得流下了眼泪，作为回报，她当即给赵连明写了张字条，大意是，自己死后，所有的遗产都归赵连明所有。赵连明拿到字条就笑了，心想，李玉花的遗产也就几间破房子，有什么好继承的；再说，他要为李玉花养老，主要是不忍心见其孤独终老。赵连明根本没把这张字条当回事，因此也就没郑重其事地要李玉花在字条上签字，当然他也没签字。随后赵连明就将字条放到了柜子里，之后就忘记了这件事。

自此李玉花就在赵连明家住下了，一住就是 20 年。期间，赵连明一家一直待李玉花如长辈亲人，侍奉得非常周到，衣食不缺，还常常陪伴她聊天解闷。李玉花也渐渐地将自己当成了这个家的一分子，一家人相处得非常融洽。

2015 年，李玉花的房子因年久失修坍塌，李玉花变成了村里的无房户。后来当地政府出台了政策，无房户可以在本村申请宅基地，李玉花听说后第一时间就申请了，但却迟迟没有批下来。

2017 年，李玉花 80 多岁了，行动越来越不便，需要专人照顾，而此时，赵连明夫妇需要照顾孙子。于是，赵连明就想将李玉花送去敬老院，认为那里的护工专业，老年人也多，不会感到寂寞。就这样，赵连明将李玉花送到了敬老院安度晚年，并支付了相应的费用。

虽然敬老院远在县城，但赵连明每月都会坐车去探望李玉花几次，李玉花有什么需要，他都一一满足。两年后，李玉花在敬老院病逝，赵连明按当地风俗，为李玉花举行了葬礼，并将其与早年亡故的丈夫合葬。

自此，赵连明认为他此生与李玉花的缘分也就尽了。可没想到李玉花去世一年后，村委会主任竟上门告诉他，李玉花生前申请的 90 平方米宅基地批下来了，要是折算成拆迁款有上百万元！这就是案件开头的那一幕。村委会主任还告诉赵连明，当初李玉花执意要申请宅基地，就是想留给赵连明继承，以报答赵连明赡养她数十年的恩情。

听到这里，赵连明瞬间流下了眼泪，他感激李玉花的一番好意，可他与李玉花毕竟非亲非故，当年李玉花虽然亲手写下纸条，说她的遗产都由自己继承，可当时自己没当回事，两人都没签字，这纸条能有效吗？自己能继承李玉花的宅基地吗？

带着这些疑问，赵连明向有关部门进行了咨询，随后便向当地法院提起了继承诉讼，申请由法院依法处理。

我们都知道，宅基地是农民集体财产，村民个人只有使用权，那么当具有宅基地使用权的村民去世后，他的宅基地是否可以作为遗产由他人继承呢？

老人的遗产

◆◆◆

161

● **律师说法**：宅基地是否属于遗产 >>>

宅基地是农村的农户或个人用作住宅基地而占有、利用本集体所有的土地。依据法律规定，农村宅基地的所有权和使用权是分离的，宅基地的所有权属于村集体，使用权属于房屋所有人。宅基地一般不能继承，但宅基地上建成的房屋属于公民个人财产，可以继承。

宅基地使用权以户为单位享有，由家庭成员共同共有，只要家庭关系存在，宅基地使用权的共同共有关系就存在，家庭成员不得请求分割，而家庭个别成员的死亡，并没有导致家庭关系的消亡，宅基地使用权由本户其他家庭成员继续共同享有。

本案的关键在于，李玉花跟赵连明的关系，是否可以归于家庭关系。法院在受理了此案后，对案件进行了现场调解，现场村民对赵连明数十年如一日地照顾李玉花的行为纷纷点赞，认为两人的关系不是母子却胜似母子。

本案中，李玉花获批的90平方米宅基地属于无人继承又无人受遗赠的遗产，按照规定，应归集体所有。但同时法律也有规定，继承人以外的对被继承人扶养较多的人可分得适当的遗产。赵连明照顾了李玉花30多年，时间跨度较长，实属不易，应予褒扬。赵连明对李玉花的扶养较多，因此他可分得一半的遗产。

● **法条链接** >>>

《中华人民共和国民法典》

第一千一百三十一条 【酌情分得遗产权】对继承人以外的依靠被继承人扶养的人，或者继承人以外的对被继承人扶养较多的人，可以分给适当的遗产。

第一千一百五十八条 【遗赠扶养协议】自然人可以与继承人以外的组织或者个人签订遗赠扶养协议。按照协议，该组织或者个人承担该自然人生养死葬的义务，享有受遗赠的权利。

第一千一百六十条 【无人继承遗产的归属】无人继承又无人受遗赠的遗产，归国家所有，用于公益事业；死者生前是集体所有制组织成员的，归所在集体所有制组织所有。

最后，在法官的见证下，村委会对李玉花的 90 平方米宅基地进行了分配，赵连明和村集体各分得一半宅基地，即 45 平方米，相应拆迁款归各自所有。随后双方签字。最后村委会表示，为倡导赵连明这种慈孝行为，村集体所分得的李玉花的遗产将在逢年过节时作为福利分发给村中老人和孝顺子女。

事后，赵连明感慨万千，他赡养李玉花时从未想过索要回报，如今却继承了她的一半遗产，实在是惊喜，这也正应了那句古话，好人有好报。

● 案件感言：赡养义务与遗产分割 >>>

赡养老人是子女的法定义务，不可逃避。案例一中的刘伟，拒绝赡养养母，因此失去了部分遗产。而周宏光作为一个非继承人，却主动承担起了赡养刘伟养母的义务，最后分得部分遗产无可厚非。案例二中的赵连明，赡养非亲非故的孤寡老人数十年，最后得以继承老人一半的遗产，同样让人心服口服。

最后提醒各位读者，作为法定继承人，一定要承担赡养老人的义务，不然就可能丧失部分继承权利。

"孝顺"儿子卖我房

❖ 摘　要：李老太被儿子提前接回家过春节，本以为是儿子尽孝心，却不想儿子偷偷地将她的房子卖掉了……

❖ 关键词：赌博罪　微信红包群聚众赌博

2016年元旦刚过，独居的李老太就被儿子王俊伟接到了自己家，准备阖家团圆过春节，李老太认为这是儿子尽孝心，却不想儿子偷偷地将她的房子卖掉了。李老太家有两处房子，一处面积较大的，儿子一家住着；一处面积较小的两室一厅，原本是李老太和老伴住着，5年前老伴去世后，李老太就独自住在那。因为儿子王俊伟平时工作忙，很少回家，李老太的生活有些冷清，好在每年春节，王俊伟都会将李老太接到自己家过年。这次王俊伟竟然提前一个多月就将李老太接到了自己家，说是孙子想奶奶了，让李老太提前过去多住些日子。李老太一直很喜欢孙子，自然满心欢喜，连东西也没好好收拾就去了儿子家。

在儿子家待了一个多月，李老太过得很是舒心畅快，孙子乖巧可爱，儿子儿媳妇也对她孝顺得不得了，不但常常嘘寒问暖，而且家务都不让她做，就是李老太想回家取件东西，儿子儿媳妇也都主动代劳。李老太起初还有点不适应，之前儿子儿媳妇对她可没这么孝顺，可后来一想，有了孩子的父母慢慢都会懂得做父母的不容易，没准这就是儿子儿媳妇比以前懂事的原因。

住到儿子家后，李老太再没回过家。她想家里也没什么值钱的东西，谁还能把房子偷了去？所以在儿子家住得很安心，直到除夕夜，一直没动过要回家看看的心思。

可除夕刚过，李老太就觉得自己很有必要回家一趟。原来，李老太出门时只随身带了几百元，早就花光了。看着周围的亲朋好友都纷纷给孙子压岁钱，李老太觉得脸上挂不住，自己是亲奶奶，要给孙子准备压岁钱的，可存折在家里，存放的地方也比较隐秘，她怕儿子找不到，所以便想着亲自回家去取。

大年初二，儿子一家去了岳母家，李老太便独自回了家，也没跟儿子说一声。本以为家中肯定还是老样子，不想家中的变化却让她大吃一惊，打开门一瞧，家中空空如也，像被洗劫了似的，李老太顿时像遭了雷击一样站立不稳，差点一屁股坐到地上。李老太哆哆嗦嗦地挨个房间看了一遍，发现所有的东西都被集中放到了一间卧室里，一件也没丢，连她的存折也安然无恙。

李老太不禁犯了迷糊，看样子不像家中遭了贼，可又是谁擅自动了自己的东西呢？李老太想都没想就认定此事一定是儿子干的，因为只有儿子有自己家钥匙。想到这里，李老太不禁大怒，立马打电话给儿子兴师问罪。儿子王俊伟在电话里支支吾吾地说，有一个朋友要去借住几天，让母亲以后没事就少回家，说罢就挂了电话。李老太不禁纳闷，朋友要借住几天，为什么要把其他房间都腾空呢，又不是搬家。就在李老太寻思之际，一名陌生男子拿着钥匙进了家门，李老太本以为男子就是儿子所说的那个要借住的朋友，没想到男子进门后就安排人到处量尺寸，俨然一副房主的派头。

李老太气急了，哪有这样借住的！就质问男子，不料男子一席话，差点把李老太气得背过气去。其实男子并非借住，而是现在的房主，李老太的房子已经不是自己的了。

原来，李老太的儿子王俊伟趁李老太不在家时，竟然将房子偷偷地卖给了好友大壮。王俊伟跟大壮签了购房协议，总房款60万元，先付了一半，另一半等到办过户手续时再付，协议还写明了违约金10万元，谁违约，谁支付对方违约金。

李老太这才恍然大悟，难怪儿子今年这么早将她接回家过年，原来

『孝顺』儿子卖我房

是为了卖自己的房子。李老太起初还不敢相信这是真的，忙给儿子打电话确认，得到儿子的肯定回答后，李老太气得大骂儿子不孝，不想骂着骂着，李老太的心脏病竟犯了，倒地不起。大壮赶紧叫来救护车，将李老太送去了医院，所幸抢救及时，李老太并没生命危险。

躺在病床上，李老太坚持让儿子收回房子，说房子是老伴留下的，也有自己的一份，没有自己同意，儿子不能擅自卖房。可儿子却不顾母亲的身体状况，说什么也不肯照办，还说反正母亲百年之后，房子就是自己的了，不如趁现在房价高，卖个好价钱，母亲以后可以长住自己家，他会好好孝顺母亲的。见儿子如此态度，李老太心里一阵难过，那可是她跟老伴住了大半辈子的房子，里面满满的都是回忆，她还打算在这套房子里养老呢。

李老太觉得，卖掉房子就跟从记忆里将老伴忘记一样，她实在舍不得。李老太苦苦哀求儿子不要卖掉房子，可儿子却铁了心非要卖不可，还说没钱支付违约金。最后伤心失望的李老太，一气之下将儿子王俊伟和买房人大壮都告上了法庭。

考虑到房子对李老太的特殊意义，法官对各方当事人进行了再三调解。最后，儿子王俊伟表示愿意支付高额违约金，大壮也同意收回房款。事情虽然解决了，可李老太对儿子的气还没消，一连两个月没再到儿子家，连儿子的电话也不愿接。

自己的房子虽然失而复得，但是李老太的心总算踏实下来了，可没想到还没过几天舒坦日子，儿子的房子竟又出事了，一家三口马上就无家可归了。这又是怎么回事呢？

2016 年 4 月的一天，恰逢李老太的生日，这天儿子王俊伟专程将李老太又接到自己家中，一来是给母亲过寿；二来也是为房子的事给母亲赔不是。李老太见儿子认错态度好，气也就全消了，毕竟是自己儿子，母子还结什么仇啊。一家人其乐融融地过了一个生日，不承想饭还没吃完，就有几个看着不三不四的陌生男子闯进了王俊伟的家，进门就扬言说要收房子，让王俊伟一家赶紧搬家走人。

李老太顿时愣住了，这房子是儿子的，这帮人凭什么让儿子搬家啊，太不讲道理了，便跟来人理论起来。哪知来人将一张纸递给了李老太，李老太一看顿时面如土色，那是一份高利贷的借款协议，儿子竟将自己的房子抵押给放高利贷的了，借款 20 万元。李老太惊恐地拿着协议问儿子是不是真的，儿子低头不语，脸涨得通红，儿媳妇则在一旁痛哭起来。

见儿子儿媳妇这般举动，李老太顿时明白了儿子确实借了高利贷，可儿子有车有房，又没什么大的开销，他借那么多高利贷干吗呢？

来人叫嚣了一通后便走了，他们走后李老太便大声质问儿子为什么要借高利贷。见儿子仍是低着头一言不发，李老太气坏了，狠狠地给了儿子一巴掌。儿子王俊伟这才满心懊悔地向母亲讲述了他借高利贷的经过，事情还得从去年"十一"假期说起。

"十一"假期，王俊伟的妻子和儿子都去了岳母家，王俊伟一个人在家，闲着无聊的他便在微信上打发时间。一天，他被一个朋友拉进了一个红包群。说是红包群，其实就是一个"网络赌场"，它利用微信红包的随机性，对红包数额比较大小，根据不同赌博规则进行赌博活动。投注额多则数千，少则数十，一般三四分钟一局，而一局下来，输赢可达四五万元。

王俊伟起初很好奇，便试着玩了几把，投注额都不高，不承想几局下来竟赢了 2000 多元。王俊伟顿时信心倍增，认为自己的运气不错，应该趁机加大投注，结果一发不可收拾，投注额越来越大，然而越输越多，不到半天竟输了 1 万多元。王俊伟身上冒了冷汗，有心收手，可又不甘心，想着或许一会儿自己就会赢了呢。正是抱着这个侥幸心理，王俊伟不断地加大投注，满心期望尽快翻盘，可结果却是，越输越多，短短两三天的时间，王俊伟竟输了 5 万多元，差不多是他的全部积蓄。这时王俊伟才想起妻子说过，过了假期就要给儿子交学钢琴的报名费 1 万元，如今钱都被输光了，到时他不知道该怎样向妻子交代。

王俊伟犯了难，想捞回本钱就必须再加大投注，可他已无钱可投，于是他想到了借高利贷。第二天他就借款 5 万元，还款期限是两个月。

赌博不但需要钱，还需要运气。为了让自己当天的运气好点，借到钱后，王俊伟就跑到附近庙里烧了三炷香，但这并没有帮到他，当天，王俊伟就将借来的 5 万元高利贷输了个精光。

这下王俊伟绝望了，一狠心退出了那个红包群。红包群可以退，借的钱却不能不还，一想起 5 万元高利贷，王俊伟就吃不下睡不着，整日盘算着怎么才能尽快筹到钱，还上高利贷。

很快妻子和儿子回家了，王俊伟因赌博输了 10 万多元，心里很是愧疚，对妻子表现得极尽温柔体贴，生怕妻子生疑，还悄悄借了同事 1 万元给儿子交了学钢琴的报名费。就这样，王俊伟瞒了妻子一个多月，可纸终究包不住火，妻子终于在一次取钱时发现了问题，原本有 5 万多元存款的银行卡竟然取不出几千块钱。

妻子很纳闷，赶紧查询余额，不料银行卡里就只剩几百元了，那 5 万元钱去哪了呢？妻子赶忙给丈夫王俊伟打电话。王俊伟先是半天说不出话来，后在妻子一再催问下才道出了实情：家里的积蓄几乎全被他在网上赌博输光了，不但如此，还借了 5 万元高利贷，眼看马上就要到还款期了，而他至今还没有想到筹钱的主意。

妻子顿时惊得目瞪口呆，随即号啕大哭起来。她在电话里不住地骂丈夫不上进，不但没本事赚大钱，还欠了高利贷，这让一家人今后怎么活？难道要卖房子不成？王俊伟听着妻子的谩骂，一声不吭，心里很不是滋味，不过妻子一提到房子，倒让王俊伟想到了一个筹钱的好主意，那就是卖房子，不过却不是卖自己的房子，而是母亲李老太的房子。

为了筹钱还高利贷，王俊伟打上了母亲房子的主意，可要想说服母亲卖房却不是一件容易事。王俊伟刚开口说要接母亲到自己家同住，然后把母亲现在住的房子卖掉，李老太就生气地说："想都别想，我在这儿过了大半辈子了，死也要死在这儿。"王俊伟还想继续劝说母亲，不想母亲急了，还说如果儿子再打自己房子的主意，就不认王俊伟这个儿子了。王俊伟只得就此打住，可眼下只有这么一个筹钱的办法，即便母亲不同意，他也必须这么干。

王俊伟想给母亲来个先斩后奏，这样即便母亲一百个不同意，到时也无法挽回了。就这样，王俊伟开始偷偷地给母亲的房子找买家了。恰在这时，他得知朋友大壮要结婚，正打算购买一套二手房做婚房。王俊伟随即联系了大壮，还趁李老太不在家时将大壮领到母亲家看房子。大壮对房子很满意，两人随即商定了价格，总价60万元，先付一半，过户时全部付清。为了防止王俊伟毁约，大壮主动提出要增加一项违约金的条款，王俊伟着急卖房子，想都没想就答应了。

很快大壮就将30万元转账给了王俊伟，王俊伟第一时间就还清了高利贷，心里总算松了一口气。接下来王俊伟就开始考虑怎么安置母亲李老太了，妻子得了几十万元卖房款，自然愿意接李老太一起住，而孙子也是很喜欢奶奶的。就这样元旦刚过，王俊伟就将母亲接到了自己家。李老太丝毫没有怀疑，以为儿子还是像过去一样，每逢春节就将自己接回家一起过年，完全没预料到儿子竟然另有一番打算。

此后王俊伟夫妻对李老太照顾得无微不至，生怕李老太住不舒服想回家，有时李老太想回家取件衣物，夫妻俩也都主动代劳，就怕李老太揭穿房子已经被卖的事实。而此时，李老太房内的东西早就被儿子儿媳妇归整到了一间卧室里，准备春节后，房子的事完全搞定后，再把李老太的东西搬到自己家。

王俊伟以为自己的计划天衣无缝，不承想大年初二就被李老太捅破了。当李老太打电话问他，为什么东西都集中到了一间卧室时，王俊伟只得谎称有个朋友想借住些日子。哪知刚挂了电话，大壮就带着人到房子里量尺寸了，因为着急结婚，年还没过完，就预备装修了。大壮的举动引起了李老太的怀疑，王俊伟偷偷卖房的事随即被大壮说破，而大壮先前压根就不知道，王俊伟竟然是背着母亲李老太卖的房。随后得知实情的李老太因情绪太过激动，心脏病发作被送进了医院。

守在母亲病床前，王俊伟很是愧疚，要不是身负巨债，他也不会打母亲房子的主意，但当母亲要求他讨回房子时，王俊伟却一口拒绝了，说房子早晚要卖，趁现在房价高赶紧出手是件好事，还说自己没钱付违约金。李老太仍旧不同意，认为房价再高也比不上她对房子的感情深，那可是她跟老伴住了大半辈子的地方；再说，她也不相信大壮会跟儿子索要高额的违约金，两个人毕竟是朋友。

可事实是，大壮一得知李老太不同意卖房，就明确告知王俊伟，他已经看中房子了，绝不退房，除非王俊伟支付他10万元违约金，因为他已经跟装修公司签了合同，还约定了几万元的违约金。另外，现在的房价又上涨了，王俊伟耽误了他买房，说不定婚期也要推迟，就应该给他相应补偿。

王俊伟连5万元高利贷都还不起，又怎么拿得出10万元违约金？他只能硬着头皮一再劝说母亲同意卖房，不想母亲不但没被说动，还将他告上了法庭。

后经法官一再调解，王俊伟也认识到自己的错误，作为儿子，无论如何也不能让母亲晚年生活得不开心，对母亲来说，对房子的感情远超过任何东西。可问题是他到哪去弄违约金给大壮呢？

此时王俊伟又想到了借高利贷应急，就这样他以自己的房子做抵押，借了20万元高利贷，还款期限两个月。加上原先剩的首付款，王俊伟一共支付了大壮40万元——30万元首付房款和10万元违约金。而借高利贷还钱的事，王俊伟并没告诉母亲李老太，他担心母亲的心脏受不了。

母亲房子的问题解决了，可自己的房子却要保不住了，因为他在短短两个月内根本不可能还上20万元高利贷，除非他先把房子出售，房款还了高利贷后，剩下的钱用于租房子。打定主意后，王俊伟将想法告诉了妻子，妻子起初不同意，认为丈夫起初就该将实情告诉李老太，不该借高利贷还钱。可王俊伟却认为事已至此，说什么都晚了，再说他也不想当个不孝子，若因此再害得母亲住进医院，一旦有个三长两短，他一定不会原谅自己。见丈夫主意已定，妻子也不好再说什么，只是暗暗叹气流眼泪。

随后王俊伟将自己的房子挂到了中介公司的广告牌子上，此后一个多月有几个看房的，不是嫌价格太高，就是没看中，就这样房子一直没及时出手。王俊伟整日为卖房的事心急如焚，而恰在这时母亲的生日到了，联想到之前为房子的事惹得母亲不高兴，不但不让他进门，连他的电话也不接，王俊伟便想到趁机跟母亲道个歉，缓和一下母子关系，不料高利贷催款的人竟然也趁机找上了门。

就这样，母亲揭穿了王俊伟借高利贷还款的事，而在母亲的逼问下，他还说出了自己是因为起初用微信红包进行赌博，才一步步陷入了债务危机，以至于到了要卖房还款的地步。

听了王俊伟的叙述，李老太非但没有怪罪儿子，还很心疼儿子，认为儿子该早早告诉自己，要是早知道儿子是因为在外面借了高利贷才动心思卖自己房子的，说不定她就不会硬逼着儿子收回房子了。

李老太听说儿子辛苦赚来的钱被人在"微信红包群"里骗得一干二净，气得咬牙切齿，随即报了警。

经警方调查，这是一起借用"微信红包群"进行网络赌博的犯罪行为，经过警方努力，很快抓获了组织微信赌博的胡某。

很快，检察院就以胡某涉嫌赌博罪向人民法院提起了公诉。

法庭上，胡某辩称，自己只是在网上发红包而已，其行为不属于赌博。那么胡某的说法是否正确呢？

● 律师说法：赌博罪 >>>

赌博罪是指以营利为目的，聚众赌博或者以赌博为业的行为。所谓聚众赌博，是指组织、招引多人进行赌博，本人从中抽头渔利。这种人俗称"赌头",赌头本人不一定直接参加赌博。而根据相关司法解释，行为人设置圈套诱骗他人参赌骗取钱财，属赌博行为，构成犯罪的，应以赌博罪定罪处罚。

本案中，胡某在微信上建立的红包群，其实就是一个以抢红包为名，以网络赌博为实的圈套。这个红包群以营利为目的，胡某会从每一名参与者身上抽取提成，作为利润。另外，参与赌博就会有输有赢，为了增加自己的胜算，胡某将自己的亲朋好友都拉进来，给予他们虚拟红包，这样胡某基本上就是只赢不输。从建立红包群，到被关闭，短短半年，胡某竟获利2000多万元，速度之快，数额之大，让人咋舌。

● **法条链接** >>>

《中华人民共和国刑法》

第三百零三条 【赌博罪】以营利为目的，聚众赌博或者以赌博为业的，处三年以下有期徒刑、拘役或者管制，并处罚金。

【开设赌场罪】开设赌场的，处五年以下有期徒刑、拘役或者管制，并处罚金；情节严重的，处五年以上十年以下有期徒刑，并处罚金。

【组织参与国（境）外赌博罪】组织中华人民共和国公民参与国（境）外赌博，数额巨大或者有其他严重情节的，依照前款的规定处罚。

最终，法院以赌博罪判处被告人胡某有期徒刑5年，并处罚金180万元。不过虽然胡某被抓，"微信红包群"被关，但王俊伟被骗的钱却没法追回了，因为骗来的钱大都被胡某等人挥霍了。

案件结束后，李老太总算出了一口恶气，可儿子的欠债还是要还清的。因体谅儿子，李老太决定忍痛割爱，出售自己的房子为儿子还债，虽然舍不得，可毕竟不忍心看着儿子一家没有固定住处。

对母亲的举动，王俊伟感动得热泪盈眶，发誓今后再也不会参与任何赌博活动了，一定安安分分过日子，让母亲在自己家安度晚年。

　　赌博无大小，看似简单的"微信红包群"依然可以成为赌博的新形式。唯有放弃在赌博中存有侥幸心理、牟取暴利的心态，踏实生活，才能从根本上远离赌博，免于被不法分子利用。本案中，王俊伟因为一时好奇贪心，结果弄得母子关系紧张，最后还不得不靠卖掉母亲的房子还债，可谓教训深刻。

女儿捣鬼要害妈

◈ **摘　要：** 王春燕发现银行卡被盗刷，随即报警，很快盗刷者被抓获。后经调查，盗刷者竟是名杀手，是王春燕女儿雇来杀王春燕的……

◈ **关键词：** 亲情犯罪　包庇罪　信用卡诈骗罪

2015年4月的一天上午，刚开完会的王春燕回到办公室从抽屉里拿出手机翻看，顿时一愣，短短两个小时，手机竟接到数十条银行发来的短信。王春燕随即一一打开，她越看越心慌，竟然全都是消费通知，有5000元的、1万元的、5万元的，总消费额差不多有100万元，而短信上显示的卡号也都是王春燕的。

王春燕拿手机的手抖个不停，她赶紧掏出钱包，可怎么也找不到那张银行卡，难道自己的银行卡被人偷了？想到这里，她赶紧报了警。

面对民警的询问，王春燕说，自己丢的是一张普通的信用卡，两天前还消费过。在警方的要求下，王春燕通过回想，将最近两天接触的人列了个名单交给了警方。警方首先围绕着和王春燕亲密接触的人展开了调查。

今年45岁的王春燕是一家商场的老板，资产有数千万元。15年前，她跟丈夫离了婚，之后就一边照顾女儿，一边干起了事业。经过辛苦打拼，她硬是将一个小商店发展成了一个大商场。王春燕是个事业心很强的女人，但她的社会关系并不复杂。

在了解王春燕人际关系的同时，民警还调取了她银行卡的消费记录，发现了一条在某ATM机上的提现记录。民警随即调取了案发时ATM机前的监控视频，之后，锁定了一个叫强子的犯罪嫌疑人，并很快将其抓获。

强子对刷卡的事实供认不讳，却坚称卡是王春燕的女儿李雪送给他的，他没偷也没抢，怎么能构成犯罪？可当民警询问他，李雪为何给他卡时，他却闭口不答了。而就在民警全力以赴侦查时，让人意想不到的是，王春燕竟来派出所撤案了。

王春燕说，自己先前向民警说了谎，自己的卡是被熟人借用，而不是盗用。案发前两天，女儿李雪说她的一个朋友强子没钱结婚，女儿想帮朋友一把，便向自己借钱，许诺只借 10 万元，两年内一定还清。自己被女儿的仗义感动，便将那张信用卡给了女儿。接着那张卡就到了强子手上，没想到强子竟一下子花了那么多钱，自己一时气急，便报了假警。

最后，王春燕恳求民警说，这事都怪自己大意，只要强子把刷的钱退还给自己就行了，自己决定撤案，不再追究强子的责任。

民警觉得这事有蹊跷，便提出要再向李雪核实情况。王春燕听后，慌忙说女儿跟同学外出游玩去了，一时联系不上，并一再说强子刷的是自己的钱，自己愿意跟他私了，就不麻烦警方了。

王春燕的话让民警很疑惑，如果所说事情属实，强子只是借 10 万元，而王春燕卡里光存款就有 50 万元，为什么不直接取出 10 万元给他，反而要将卡给他，且不加防范？这对生意人来说显然违背常理。而在王春燕和强子的叙述中，有一个共同的事实——卡是通过李雪到强子手上的，所以案件的关键人物是李雪，可李雪偏巧此时外出了，联系不上，这未免有些太过巧合。

考虑到案件涉案数目巨大，又有很多疑点，警方决定继续暗中侦查，首先他们要尽快找到关键人物李雪。警方经过几日暗中调查得知，李雪确实离开了本市到了外地。警方通过网络查找到了李雪在某外地宾馆的入住信息，并迅速找到了她，接着对她进行了询问。

起初，李雪面对警方的询问，一直支支吾吾，还多次失声痛哭。最后在警方的耐心开导下，终于交代了实情。原来强子并不是李雪的朋

女儿捣鬼要害妈

◆◆◆

175

友，而是她雇佣的杀手，那张卡是她付给杀手强子的酬金，而她要杀的人竟是自己的母亲王春燕。

李雪竟然要杀死自己的母亲？在场的民警听后都惊呆了，她为何要这么做呢？李雪哭着说，自己从小就恨母亲，因为她不但没有给自己母爱，还两次夺去了自己的父爱。

那么，作为母亲的王春燕为何要两次剥夺李雪的父爱呢？在民警的反复开导下，李雪讲述了事情的原委。

李雪的父母离婚时，李雪只有 6 岁，她不知道父母为何离婚，只是一心想见父亲，所以就一天到晚地哭闹。母亲王春燕一开始还耐心哄她，后来就直接打骂了。慢慢地，李雪不哭了，可不哭不等于不想念父亲，她常偷偷去找父亲，享受短暂的父爱。可当父亲再婚又有了儿子后，对李雪就越来越冷淡了，后来父女俩的联系也就少了。

母亲王春燕整日忙生意，根本无暇顾及李雪，除了偶尔过问一下成绩外，其他事从不过问，家长会也从不到场，就连李雪的生日也经常是一个人过。这让李雪总感觉自己像个被人冷落的孤儿，李雪认为这一切都是拜母亲所赐，她对母亲的恨与日俱增。从小到大，李雪唯一感到满足的是，只要她向母亲要钱，母亲从没拒绝过，这也是母亲爱她的独特方式。

其实，那些冷冰冰的钞票并不能给李雪带来温暖，长大后的她迷恋上了网络，经常跑到虚拟空间里寻找关爱。半年前，李雪在网上认识了一个保险推销员，比她大 10 多岁，未婚。此人虽是农村出来的，却谈吐不凡。李雪很快就被这位帅气、幽默的男子吸引了，慢慢地两人成了无话不谈的好朋友，还相约见了面。李雪觉得这个男人是世上最懂自己也最能理解自己的人，她从这个男人身上感受到了一种久违的父爱，随后李雪主动对该男子展开了追求。

李雪虽长相一般，但很富有。李雪将母亲每月给自己的 1 万元零花钱全都花在了这个男人身上，给他买东西，还邀他到处游玩，很快他们就成了男女朋友关系。此后，男友在李雪金钱的打造下，成了一位花钱如流水的阔少，痛快花钱的乐趣让他很快就上了瘾。慢慢地，李雪的钱就难以满足男友的欲望了。但为了讨男友欢心，李雪不断编造各种借口向母亲要钱，今天要买名牌包，明天又要买高档化妆品，后天还要买名表……

沉浸在恋爱中不能自拔的李雪没想到，母亲王春燕无意中发现了她的恋情，不但坚决反对，还大幅削减了她的开销。没了金钱的支撑，男友对李雪的感情很快就冷淡了，一下子从云端跌落到了地平线。他不再陪李雪逛街吃饭，也没了讨李雪欢心的动力。

男友的态度让李雪很着急，便想到了向久未联系的父亲要钱。李雪的父亲是个个体老板，也很有钱。李雪谎称母亲削减了自己的花销，希望得到父亲的帮助，父亲二话不说就掏出一张信用卡给了她，还说自己希望女儿幸福，如果李雪今后有什么经济需要，尽管来找自己。李雪听后趴在父亲怀里喜极而泣，她意识到父亲还是爱自己的。之后，李雪和男友凭借着父亲的信用卡又回到了之前花钱如流水的日子。

可好景不长，一个星期后，父亲的卡竟被冻结了。李雪立马打电话向父亲询问，才得知是母亲故意让父亲冻结的，母亲还让父亲保证今后不要再干涉女儿的事，说是为李雪好。

没有了经济来源的支撑，很快男友就又疏远了李雪。李雪很难过，可她并没放弃，她不住地哀求男友，甚至向男友承诺将来她继承的财产会分给男友一半。之后，男友确实对李雪好了很多，可很快两人就彻底决裂了。男友因被人举报作风不正，被单位开除了，他搬离了单位宿舍，也离开了这座城市。而举报人竟然是李雪的母亲，李雪知道后气得跟母亲大吵了一架。

李雪认为是母亲再次剥夺了她享有父爱的权利，也毁掉了她的爱情，一想到男友离开时看着自己怨恨的眼神，她对母亲的恨就会增加一分。之后，李雪再没主动跟母亲王春燕说过一句话，在她心里，母亲简直成了敌人，而且永远不可原谅。

就在李雪对母亲恨之入骨的时候，她在网络上遇见了一个人，这个人让她产生了杀掉母亲的念头。此人名叫强子，是李雪于 2015 年 3 月在网上认识的。强子没正式工作，整日游手好闲，却常吹嘘自己是替人消灾解难的大侠。强子曾对李雪说，只要对方肯出钱，就是杀人的买卖他也会做。

强子的话顿时让李雪产生了一个罪恶的想法，她想到，如果母亲死了，自己就会继承母亲全部的财产，有了钱，男友就会回来了。可紧接着，她又觉得这个想法很可耻，毕竟母亲对自己有养育之恩，自己怎么能这么狠心呢。但李雪转念又一想，认为母亲王春燕不配做母亲，是她执意要跟父亲离婚才导致了家庭破裂，让自己从小就失去了父爱。一直以来，她关心的只有自己的成绩单，给予自己的只有钞票，现在她又亲手扼杀了自己的爱情，还让一个自己深爱的人变成了痛恨自己的人，也让自己重新沦为没人疼爱的孤儿。

对李雪来说，男友像个暖炉，虽然需要用钱充电，但她心甘情愿；而母亲就像个取款机，虽然有花不完的钱，却冰冷刺骨。既然是个取款机，又有什么不能狠心的呢，何况取款机里的钱还可以换得爱情。当然，李雪也知道杀人犯法，可为了捍卫爱情，她决定搏一搏；再说，自己又不亲自动手，找专业人士动手，暴露的风险应该很小。

想到这些，李雪问强子杀一个人多少钱。强子不假思索地说 10 万元，先付钱后办事。李雪同意了强子的报价，并告诉他要杀的是自己的母亲。不过李雪手头没钱，她对强子说，等母亲死后会加倍付钱，让强子相信她。强子回复说，自己不会相信一个连母亲都敢杀的人，必须先付钱。李雪见强子说得坚决，便承诺会尽快弄到钱。

2015 年 4 月的一天深夜，李雪悄悄走进了母亲的卧室，掏出了母亲的钱包，取出了一张信用卡。这张卡是母亲两年前办的，当时的额度是 10 万元，李雪还知道卡的密码是自己的生日。

第二天一早，李雪就约强子见了面。她知道到 ATM 机取钱很容易被拍到，她不愿冒险，便将卡直接给了强子，并告诉了他银行卡密码，嘱咐他取出 10 万元后就将卡丢掉。不过，强子拿到卡后并没进行谋杀行动，而是将卡刷爆了，这是李雪万万没想到的。

案发当时，李雪正一边担心着母亲随时会发现丢失了信用卡，一边又为联系不上强子而心急如焚。直到得知母亲因为信用卡被盗刷而报了警，她这才慌了神。

李雪一直在心里默默祈祷，警方千万不要抓到强子，因为一旦强子被捕，势必会供出自己，到时自己一定会坐牢的。之后的几天，她一直坐立不安，还多次向母亲打听案件的进展。

当母亲将强子被抓的消息告诉李雪后，李雪彻底慌了，她本能地想到，现在只有母亲能救自己了，可她又不确定母亲在知道了真相后，是否会原谅自己，是否会救自己。但母亲早晚会知道真相的，与其等警方告诉她，还不如自己趁早向母亲认错，说不定母亲会念在骨肉亲情的份上原谅自己。想到此，李雪便主动向母亲坦白了一切，她哭着请求母亲的原谅，给自己一个改过自新的机会。

说到这里，李雪情绪很激动，她哭着对警方说，当时母亲听后呆坐了很久，哭得很伤心，自己从未见母亲这么脆弱过。最后，母亲不但原谅了自己，还让自己外出避风头。接着李雪懊悔地说，母亲当时说，她会把这事遮盖过去，让自己不用担心，没想到自己还是被抓了。

警方在听完李雪的供述后，将其迅速带回做进一步调查。紧接着，警方传唤了王春燕。

面对民警的讯问，王春燕痛苦地说，跟前夫离婚，确实是自己一时糊涂，可自己还是很爱女儿的，不然也不会要女儿的抚养权了。接着，王春燕向警方诉说了自己的苦楚。

15 年前，王春燕跟一男子发生了婚外情，为此不惜跟丈夫离了婚。可后来那人又变了心，不愿履行诺言娶她，自此，王春燕对感情就绝望了。作为一个单亲妈妈，王春燕必须独力承担家里的一切开销。她文化不高，只能做点小生意，为了多赚钱，就没日没夜地工作。后来她又开办了商场，钱赚得越来越多了，就更没有时间照顾女儿了。

其实，王春燕心里一直觉得愧对女儿，女儿学校的活动她几乎没参

女儿捣鬼要害妈

加过，女儿的老师和同学她也基本不认识，与女儿沟通的时间越来越少，她唯一能给女儿的也就只有钱了。所以，只要女儿的要求能用钱满足，她从不拒绝。

王春燕说，当发现女儿在跟那名男子交往时，她曾苦劝女儿，两人年龄差太多，难以长久，而且以金钱为基础的感情不牢靠。可女儿就是不听，自己没办法，这才削减了女儿的开销，也正好验证一下那个男人对女儿的感情。而验证的结果是，男子此后对女儿的态度整个转了一百八十度，王春燕把一切都看在了眼里，她决定站出来阻止女儿继续跟男子交往。

可还没等王春燕出面，女儿和男友的关系竟又恢复如初了。王春燕大惑不解，后来经打探得知，原来是前夫暗中支持了女儿。王春燕气呼呼地找到前夫，责怪他插手了女儿的事，说女儿要钱是供男友挥霍的，要前夫立即冻结信用卡。得知真相的前夫出于一片爱女之心立马照办了。

王春燕说，自己很庆幸男子离开了女儿，对一个跟钱打了半辈子交道的人来说，自己深知钱是买不到真感情的。当然，自己害的男子丢了工作是有些不道德，可自己也是爱女心切啊！

事后，王春燕也曾费尽心思地向女儿示好，可李雪都不理会。王春燕认为，女儿恨自己只是暂时的，等她成熟了，自然会明白自己的苦心，可没想到，女儿竟对自己起了杀心。王春燕哽咽了，过了许久才平静下来。

王春燕接着说，当女儿向自己坦白时，她的心都碎了，女儿是她最亲最爱的人，她辛苦打拼还不都是为女儿打下经济基础吗？可当女儿说出想杀她的理由时，她才知道原来女儿一直都在恨她，恨她破坏了一个完整的家，恨她剥夺了她享有父爱的权利，恨她摧毁了她的爱情。

此时的王春燕既寒心又揪心，虽然女儿想杀自己，可她却不想把女儿送进监狱，这样的话，女儿这辈子就毁了。王春燕本能地想到，要帮女儿掩盖犯罪事实，她给了女儿很多钱，让其到外地暂避风头，然后自己去派出所撤案。

王春燕本以为，自己撤案了，警方就不会再追查了，没想到警方还是揭开了案件的真相，而自己本想着能帮助女儿逃脱牢狱之灾，没想到害人害己。

对于那张被刷爆的信用卡，王春燕说，卡的初始额度确实是 10 万元，不过前段时间已提高到了 50 万元，而且前不久自己还预存了 50 万元，这才导致了将近百万元的盗刷。

随后，民警再次审讯了强子。面对大量的证据，强子向民警哀求说，自己只是一时财迷心窍，并没想过要杀人。强子说自己之前在网上说的大话都是骗人的，自己从没杀过人，可没想到李雪竟信以为真了，自己见李雪这么好骗又有钱，便决定从她那骗点钱花。

强子在拿到信用卡后，他第一时间就查询了卡的额度，没想到可用额度竟将近百万元，他高兴得心都快跳出来了。接着，他立马拿着卡到商场扫货去了，看上什么买什么，很快就花掉了 90 多万元，最后还在商场旁的 ATM 机上取现 2 万元，这才心满意足地回了家。

强子被逮捕后，一直坚称信用卡是李雪送给他的，不算犯罪，可却不肯说出李雪为何送他卡，因为他不确定自己是否会因此担上故意杀人的罪名。在得知李雪也被抓后，他才说出了真相。

案件至此真相大白。很快，检察院就以李雪涉嫌故意杀人罪，强子涉嫌信用卡诈骗罪，王春燕涉嫌包庇罪向人民法院提起了公诉。

法庭上，强子对检察院的指控没有异议，表示接受法律的处罚。同样，李雪对自己的犯罪事实也供认不讳。而李雪的律师提出，李雪是因为与母亲的关系没有处理好，才引发想要杀害母亲的企图，而王春燕也是出于爱女心切才包庇了李雪，两人的犯罪行为都属于亲情犯罪，可对两人从轻处罚。

● 律师说法：亲情犯罪 >>>

亲情犯罪主要指有血缘关系的家庭成员之间、夫妻之间和姻亲关系

女儿捣鬼要害妈

的直系亲属之间的犯罪。

本案中，李雪与王春燕是母女关系，李雪因为恋爱受阻，以及长期以来对母亲的积怨与母亲发生矛盾，一时气愤想要雇凶杀母，好在最终并未发生命案。根据《最高人民法院〈关于贯彻宽严相济刑事政策的若干意见〉》的规定，对于因恋爱、婚姻、家庭、邻里纠纷等民间矛盾激化引发的犯罪，应酌情从宽处罚。

本案中的李雪企图杀害母亲，但因意志以外的原因未能得逞，属于犯罪未遂；以家庭成员为犯罪对象，属亲情犯罪，并已取得了其母亲王春燕谅解，可以从轻处罚。

本案中的王春燕试图通过撤案以掩盖女儿的犯罪行为，构成包庇罪，同时也属于亲情犯罪。考虑到王春燕的犯罪行为是出于爱女心切，可以从轻处罚。

● 法条链接 >>>

《中华人民共和国刑法》

第六十一条 【量刑的一般原则】对于犯罪分子决定刑罚的时候，应当根据犯罪的事实、犯罪的性质、情节和对于社会的危害程度，依照本法的有关规定判处。

《最高人民法院〈关于贯彻宽严相济刑事政策的若干意见〉》

22. 对于因恋爱、婚姻、家庭、邻里纠纷等民间矛盾激化引发的犯罪，因劳动纠纷、管理失当等原因引发、犯罪动机不属恶劣的犯罪，因被害方过错或者基于义愤引发的或者具有防卫因素的突发性犯罪，应酌情从宽处罚。

23. 被告人案发后对被害人积极进行赔偿，并认罪、悔罪的，依法可以作为酌定量刑情节予以考虑。因婚姻家庭等民间纠纷激化引发的犯罪，被害人及其家属对被告人表示谅解的，应当作为酌定量刑情节予以考虑。犯罪情节轻微，取得被害人谅解的，可以依法从宽处理，不需判处刑罚的，可以免予刑事处罚。

最终法院以犯故意杀人罪判处李雪有期徒刑 3 年，缓刑 5 年。王春燕以犯包庇罪被判处有期徒刑 1 年，缓刑 2 年。强子以犯信用卡诈骗罪被判处有期徒刑 10 年，返还非法所得，并处罚金 2 万元。

接到判决书，强子很失落，没想到一时的贪念竟会将自己送进监狱。如今他已深刻地认识到，这是他贪心不足的必然后果。

对于法院的判决，李雪欣然接受，她感激母亲对自己的宽容，后悔自己先前的莽撞行为，承诺说以后一定会试着多理解母亲。

通过这个案件，王春燕也认识到自己做母亲有多失职。她承诺今后会多抽出时间来陪女儿，同时她也对自己一直以来用金钱表达母爱的方式进行了深刻的反省，她认为金钱可以给子女物质上的满足，但却不能给予他们心灵上的温暖。

李雪的父亲在得知此事后，很是伤感，他说为人父母的其实都是在给子女打工，父母辛苦赚钱无非是想让子女生活得更好，可子女却并不需要那么多钱，到头来是累了父母，苦了孩子。

● 案件感言：家庭生活与子女教育 >>>

俗话说，父母是孩子的启蒙教师，孩子是父母的一面镜子。如果希望孩子好，自己就要起模范带头作用，因为父母的言行对培养孩子的人格是最有说服力的。一个不健全的家庭很难给予孩子完整的爱，而没有完整的父爱和母爱，孩子也很难培养成健全的人格。

骗个媳妇来骗钱

◈ 摘　要：一女子被人绑架，民警解救女子后了解到，女子跟绑架人竟是夫妻；更令人匪夷所思的是，女子竟还是公公骗来的儿媳妇……

◈ 关键词：胁从犯　诈骗罪　非法拘禁罪

　　2016年10月的一天中午，某市派出所接到一外地口音的男子打来的报警电话，说他的一个女网友被陌生人绑架了，急需解救，地址就在该市某小区的一栋居民楼内。民警起初以为这是网友间开的玩笑，可报警人却很认真，还通过警方的官方微博发给警方几张受害网友的照片，照片上的女子面容憔悴，还有一张双脚被铁链锁在桌腿上的照片。民警意识到事情的严重性，马上出警解救。

　　随后民警按照报警人提供的地址来到一住户门外，可敲了半天门也没人开门，民警随即对门内大喊，若再不开门就破门而入，门这才被打开。开门的是位年轻男子，像是刚睡醒，身上还穿着睡衣。民警说明来意后就开始搜查房子，很快一个房间引起了民警的注意，房门是锁上的，但里面却传出阵阵跺脚声，还伴着金属的碰撞声。

　　民警要求男子打开房门，可男子却声称那间房是空房，一直锁着，钥匙找不到了，声音是来自楼上。民警见男子说话时神色慌张，显然在撒谎，随即踹开了房门。房间内，一张电脑桌前，一女子被反手绑在椅子上，嘴上被贴了胶带，双脚分别被铁链锁在了电脑桌的桌腿上。而该女子就是报警人所发照片上的女子。

　　民警随即解救了女子，并要强行抓捕男子。男子随即大喊道："她是我老婆，我们在开玩笑，不信看我们的结婚证。"说着男子从一个抽屉里拿出结婚证给民警看。民警仔细将结婚证上的照片跟眼前的一对男女作了比对，证实男子所言非虚，而女子也点头承认两人确实是夫妻。

夫妻间有这么开玩笑的吗？为什么那个报警人声称女子是被陌生人绑架了呢？就在民警疑惑之际，女子痛哭失声地说："我是被骗跟他结婚的。"紧接着，女子哭着向民警讲述了自己被骗婚的经历。

女子名叫张玲，今年23岁，是邻省的农村人，高中毕业后就一直在酒店做服务员。工作之余，张玲最大的爱好就是上网聊天。一年前，张玲在网上认识了一个自称叫李达的人，照片上的他很帅气，还说父亲在当地有一家煤矿。李达既细心又温柔，经常对她嘘寒问暖。张玲对李达的好感与日俱增，甚至有些喜欢他了，而就在这时，李达向张玲提出了见面的要求。张玲没拒绝，甚至见面前还兴奋得一宿没睡。

两人是在一家饭店见面的。现实中的李达跟照片上一样帅气，开着名车，一身穿戴也都是名牌。见面后，李达主动帮张玲拉椅子，点菜全点张玲爱吃的，很注意细节，也很体贴，举止斯文得像个绅士。要说网上的李达跟现实中的李达有什么不一样的地方，那就是现实中的李达似乎更腼腆，说话比较少，而网上的李达却非常健谈。对此李达的解释是，他在网上和在熟人面前比较放得开，等以后两人接触时间长了就好了。张玲认为李达的解释合情合理，而且她本人也是如此。

张玲的心被李达的第一印象给俘获了，以为自己掉进了蜜罐，却没料到已经一只脚踏进了陷阱。见面后，两人在网上的互动更频繁了，李达还改口叫张玲"亲爱的"，并说已经深深爱上了她，希望她能做自己的女友。张玲很兴奋，当即答应了。两人随即展开了热恋，不过因为张玲工作繁忙，两人见面不多，主要是在网上谈情说爱，可这并不妨碍两人的感情迅速升温。确定恋爱不到一个月，李达就向张玲求婚了，并许诺婚后不再让张玲工作了，自己要养着她。张玲被感动了，满口答应下来，心里畅想着结婚后悠闲的富婆生活，脸上乐开了花。

很快两人就在当地举办了婚礼。婚礼很铺张，张玲的家人先前收到了李达父亲送来的20万元彩礼钱，都认为张玲嫁了好人家，以后要享福了，可不想结婚当晚，张玲的噩梦就开始了。

婚礼结束，晚上两人躺在婚房的床上聊天，李达因为高兴，又喝了不少酒，话便多了起来。张玲也很兴奋，总算有了个好归宿，便跟李达聊了起来。李达越说越起劲，就开始吹嘘自己家里多有钱，父亲多么聪明，还说要不是父亲想出了高招，自己根本娶不到张玲。

张玲一听就愣住了，自己跟李达是自由恋爱，关李达的父亲什么事？便试探着问李达到底是什么高招，李达此时已醉得快不省人事了，脱口而出道："实话对你说吧，在网上跟你聊天的是我老爸！"张玲顿时目瞪口呆，就像脑袋上被浇了一盆冷水，新婚的喜悦一扫而光。自己竟然一直在网上跟公公谈恋爱，这太不可思议了！她的第一反应是不相信，李达却说："不信你打电话问我老爸。"说完便呼呼大睡了。可张玲是无论如何也睡不着了，要不要打电话问公公呢？张玲很纠结，万一被证实，以后见面得多尴尬啊，可如果不问清楚，自己怎么知道到底是不是被骗了？最终，张玲决定打电话给公公李志江问清楚事实。

公公听到张玲的质问先是很惊讶，但随即承认了自己在网上假冒儿子李达跟张玲聊天的事实，目的是不想让儿子终身打光棍。公公这么一说，张玲更糊涂了，丈夫李达外表帅气，家庭条件又好，怎么会打光棍呢？在张玲的逼问下，公公不得不交代了实情。

公公李志江早年丧妻，留下十几岁的儿子李达。看着儿子从小没有了母亲，李志江非常难过，为了不让儿子受委屈，他至今没有再婚。李志江是当地一家小煤矿的老板，前些年煤矿效益好，赚了不少钱，但最近几年因为市场不景气，煤矿也只是勉强维持。李志江与儿子相依为命的日子，对儿子非常溺爱，儿子想干什么就干什么，从不干涉。因为打架、逃学，还没高中毕业的李达就被学校开除了。

李达被学校开除后到处惹是生非，李志江苦口婆心地劝说儿子遇事冷静，可李达根本听不进去。最后李志江想，大概儿子结了婚就安分了。此后的日子，李达经人介绍先后交往了10多个女友，可都相处不久就分手了，短则几日，长则数月，都因为女友受不了李达的暴脾气。

有一次，因为一个女友向李达提出了分手，李达竟扬言要杀了女友全家，最后这件事在李志江的一再劝说下才得以平息。此后再没人敢给李达说媒了，而李达行为粗鲁，单靠自己更难找到媳妇。

李志江因为儿子的婚事操透了心，最后一则网络骗婚的新闻引起了他的注意，心想别人能从网上骗媳妇，自己为什么不能从网上骗个儿媳妇呢？他决定试试看。李志江在交友网站上给儿子注册了账号，并以李达的身份跟人聊天，他在跟张玲聊天后发现，张玲不但年轻漂亮，还单纯可爱，他认定张玲是不错的儿媳妇人选。

李志江在网上表现得很有涵养，以期能打动张玲的心，最后他如愿以偿，不久张玲还答应了跟他见面的要求。见面当然得儿子亲自出马，李志江将自己跟张玲的聊天记录拿给儿子看，让儿子记住张玲的喜好，并一再交代他见面时要控制住脾气，尽量表现得有礼貌。另外为防止儿子穿帮，李志江交代儿子能少说话就少说话，这也是为什么第一次见面时张玲觉得李达沉默寡言的原因。

见面后，李达对张玲的印象很好，李志江得知后便在网上以儿子的名义对张玲展开了猛烈追求。在父子俩的通力合作下，最终张玲答应嫁给李达。李志江知道用这种方式骗来的儿媳妇，将来住在一起难免尴尬，便给儿子买了套新房，今后分开住。

听完公公的讲述，张玲挂断电话，气得浑身发抖，被愚弄的她觉得受到了侮辱，随即拿起一个枕头使劲砸李达，边砸边生气地说："笨蛋，谈恋爱还要老爸帮忙，丢不丢人啊！"李达被砸醒了，醉醺醺的他立马就急了，不但连扇了张玲两个耳光，还一脚将她踹到了床下。张玲坐在地上，懊悔地痛哭不止。听到哭声李达更烦了，用胶带将张玲的嘴封上，还将她绑在了床腿上，然后自己倒在床上继续睡觉。

新婚之夜不但被丈夫殴打，还遭暴力捆绑，张玲怎么也没想到她会这样度过新婚之夜。此时的张玲恨极了公公，要不是公公在网上假冒李达，跟自己谈情说爱，自己根本不会嫁给李达这种人，可现在木已成舟，她又能怎么样呢？张玲心想，刚结婚就这样，以后还不知道会被李达怎样虐待呢，她不敢想象，决定趁早离婚。

第二天李达酒醒了，想起昨晚的事，不禁抽了自己几个嘴巴，还跪地向张玲道歉，说自己一喝酒就控制不住脾气，他发誓今后再不动张玲一个手指头了。见李达指天发誓，张玲的心顿时软了，心想嫁个好人家不容易，要是因为挨了一次打就离婚，也太可惜了，虽然自己在网上受了公公的愚弄，可现实中的李达其实也不错，最终张玲原谅了李达。

婚后，张玲因为知道了李达的脾气不好，对李达极其包容，而这也纵容了李达。此后李达对张玲越来越肆无忌惮，一言不合就打骂，结婚一个月，张玲竟被打了七八次。张玲向公公诉苦，公公竟说，"嫁鸡随鸡，嫁狗随狗"，既然结了婚，就要将就着过下去。更让张玲寒心的是，自己的父母也这样说，还劝张玲要珍惜现在的富裕生活。张玲只好继续忍耐，想着大概有了孩子后，李达的脾气会有所改善。

不久张玲果然怀孕了，李达起初确实收敛很多，没再对张玲动过手，可一次酗酒后，他竟又因为言语不和对张玲拳打脚踢，张玲因此流产了，住进了医院。

李达虽然也很后悔，可面对张玲不住的指责和哭闹，李达竟又脾气大发，扇了病床上的张玲两巴掌，还气呼呼地说："孩子没了再要就是了，干吗哭个没完没了。"之后还很生气回家了，再也没到医院看张玲。张玲躺在病床上，泪流满面，心想再这样下去，自己有朝一日会被李达打死，于是张玲出院后就向李达提出了离婚。

李达不但不同意离婚，还再一次动手打了张玲，并说："离婚？想得美！为了娶你，我家花了几十万元，要离婚先还钱。"张玲气得直哆嗦，愤怒地说："要不是你爸当初在网上欺骗我，我能嫁给你吗？"说完张玲就要收拾东西离家出走。李达见状，扯着张玲的头发往墙上撞，很快张玲的额头就被撞出了血，李达这才住手。

寻思了一会儿后，李达突然对张玲说："你在网上不是很会聊天吗？不如这样吧，你在网上帮我骗到50万元，我就同意跟你离婚，否则，你就老老实实地继续做我媳妇。"张玲惊得目瞪口呆，李达竟要她网络诈骗！她坚决不同意，紧接着又遭李达一顿毒打。

当晚，张玲想了很多，她既不甘心继续跟李达过这种挨打受骂的日子，也不想被迫成为骗钱的骗子，最后她决定趁李达熟睡之际逃走。遗憾的是，张玲准备离开时撞翻了桌上的一个玻璃杯，响声惊醒了李达。他发现张玲想偷偷逃跑后，立马暴怒，狠狠地给了张玲一顿拳脚，还叫嚣说："不想跟我过也行，那就乖乖去网上骗钱，骗不到钱，休想活着走出家门。"随后李达没收了张玲的手机、身份证和银行卡，并在门里门外都加装了挂锁，连张玲的双脚也被铁链锁在了电脑桌腿上，只有在吃饭睡觉或上厕所时才能打开，而所有的钥匙都被李达牢牢地掌控着，张玲稍有不从便被李达一阵毒打。

此后数日，张玲被李达终日软禁在家，开始被迫通过网聊行骗，吃喝都由李达负责。为了防止张玲在网上揭发自己，每次在网上聊天骗钱结束后，李达都会收起电脑，拔掉网线。即使张玲跟网友聊天时，他都会坐在张玲旁边的桌子上玩网络游戏，盯着张玲，还时不时地过来查看张玲跟网友的聊天记录。一次，张玲隐晦地跟一个网友说了自己现在的处境，想让网友帮帮自己，结果被李达翻看到，毒打了她一顿，自此张玲再不敢对网友乱说话了。

张玲一边想着找机会逃跑，一边又不得不按李达的要求，被迫在网上骗钱。让人吃惊的是，她竟在短短的 3 个月内骗到了 50 万元，她到底是怎么做到的呢？

李达在网上到处添加陌生人为网友，专找看上去有钱的男人下手。另外，张玲有一张年轻漂亮的脸，在李达的强迫下，张玲会跟对方视频聊天，取得对方的信任和好感后，就编造自己各种凄惨的故事，比如，父母双亡或者家里有人得了重病等。张玲在讲这些故事时就会联想到自己现在的处境，讲着讲着就掉下泪来，这也让人更容易相信她讲的故事。很多人因为同情张玲给她打了钱，少则数百元，多则上万元。短短 3 个月就骗够了 50 万元，可这些钱张玲一分钱都没得到。

张玲知道骗钱是违法的，自己虽是被迫的，也必须要保留好证据。

这天她偷偷打开了一个聊天对话框的语音模式，然后跟李达在房间里聊起天来，她问李达是不是只要自己骗到50万元，就不再拘禁自己了，并同意离婚。李达信誓旦旦地说自己绝不食言。随后张玲趁李达上厕所，偷偷将这条偷录的语音信息保存了起来。

完成骗钱任务后，张玲便跟李达重提离婚，不想李达此时却反悔了，要求再骗50万元。张玲对出尔反尔的李达愤怒至极，大骂李达是个大骗子，可李达却讥讽张玲说："你才是大骗子，在网上骗了那么多男人的钱。"李达一边说，一边还对张玲拳打脚踢。

当晚，张玲偷偷哭了一晚上，她知道就算骗再多的钱，李达也不会放过她，而她又跑不了，她要想办法报警。为了稳住李达，张玲开始表面上很顺从，对李达的话言听计从，使李达放松警惕，等待机会向网友求救。

这天中午，张玲正在跟网友聊天，坐在身旁的李达，因为中午喝了酒打起瞌睡来。看到李达坐在凳子上睡着了，张玲赶紧偷偷向一个很有正义感的网友发出了求救信息，说自己被绑架了，请求他帮忙报警，救救她。为了让网友相信，她将电脑外置的摄像头对准了自己脚上的铁链，并写明了自己所在的地址。在网友表示同意帮她报警后，张玲马上删除了聊天记录。

接着便发生了本案开头的一幕，那位网友向当地派出所报了警，民警随即赶到，解救了张玲。

张玲讲述完自己的遭遇已是泣不成声。

此时的李达早已慌了神，忙辩称骗钱是张玲的主意，自己没有逼迫她，之所以锁住张玲的双脚，是因为她一直想离家出走，自己不想失去她。张玲听后一阵冷笑，随即找出了之前偷录的那条语音，播放给大家听，李达听后顿时面如死灰。

李达随后承认了自己通过拘禁的方式，逼迫张玲进行网上行骗的事实，民警来时，他将张玲锁在房中，是为了不让民警发现。李达说，他见张玲执意要离婚，便灵机一动想出了要张玲网上骗钱的主意，没想到张玲竟真的在网上骗到了钱。李达说自己根本就没打算跟张玲离婚，如果两人离婚了，父亲会对他彻底失望的。当然李达也不想让父亲知道他软禁张玲骗钱的事，不但严禁张玲跟父亲联系，每次父亲给他打电话，他都谎称两人和睦相处，没再闹过矛盾。

案件真相大白后，检察院以李达涉嫌诈骗罪、非法拘禁罪向法院提起公诉，而被起诉的还有张玲，涉嫌的罪名是诈骗罪。

有读者可能会为张玲鸣不平，毕竟张玲是被丈夫强迫骗钱的，难道这也构成犯罪？

● 律师说法：胁从犯 >>>

胁从犯是指被胁迫参加犯罪的人。这里的被胁迫是指由于各种原因，在精神上受一定程度的威逼或者强制。在这种情况下，行为人没有完全丧失意志自由，因此仍应对其犯罪行为承担刑事责任。

本案中，张玲为了离婚，在丈夫李达的暴力胁迫下，进行网络诈骗，这是客观存在的事实。张玲主观上明知自己的行为是犯罪，但从其内心而言，她本不愿意与李达共同骗取网友的钱财，只是由于受到李达的暴力威胁才进行诈骗。此时，张玲的意志自由受限，但是并没有完全丧失，她没有拒绝丈夫的无理要求，选择骗取网友钱财，来换取自己的自由，从而让善良的网友成为牺牲品，使他们受到财产损失和身心伤害，这无论从道德还是法律的角度都是不允许的。当然，张玲虽然在客观上参与了犯罪，但是其犯罪行为显得比较消极，缺乏积极主动性。因此，张玲的犯罪行为属于共同犯罪中的胁从犯。

法院经过审理认定，李达采用暴力殴打的手段，强迫张玲在网络上骗取钱财，其行为已经构成诈骗罪。另外，李达用铁链、殴打等方式禁止张玲外出，剥夺张玲的人身自由，虽然两人是合法夫妻，但其行为同样构成非法拘禁罪。而张玲同样构成诈骗罪，考虑张玲是因被胁迫，并且没有不当得利，可以减轻处罚。

● **法条链接** >>>

《中华人民共和国刑法》

第二十八条 【胁从犯】对于被胁迫参加犯罪的,应当按照他的犯罪情节减轻处罚或者免除处罚。

第二百三十八条 【非法拘禁罪】非法拘禁他人或者以其他方法非法剥夺他人人身自由的,处三年以下有期徒刑、拘役、管制或者剥夺政治权利。具有殴打、侮辱情节的,从重处罚。

犯前款罪,致人重伤的,处三年以上十年以下有期徒刑;致人死亡的,处十年以上有期徒刑。使用暴力致人伤残、死亡的,依照本法第二百三十四条、第二百三十二条的规定定罪处罚。

为索取债务非法扣押、拘禁他人的,依照前两款的规定处罚。

国家机关工作人员利用职权犯前三款罪的,依照前三款的规定从重处罚。

第二百六十六条 【诈骗罪】诈骗公私财物,数额较大的,处三年以下有期徒刑、拘役或者管制,并处或者单处罚金;数额巨大或者有其他严重情节的,处三年以上十年以下有期徒刑,并处罚金;数额特别巨大或者有其他特别严重情节的,处十年以上有期徒刑或者无期徒刑,并处罚金或者没收财产。本法另有规定的,依照规定。

最终法院判决:李达犯诈骗罪、非法拘禁罪,判处有期徒刑 11 年,并处罚金 10 万元。张玲犯诈骗罪,判处有期徒刑 3 年,缓期 4 年执行,并处罚金 1 万元。追缴犯罪所得 50 万元,退赔给被害人。

收到判决书后,李达表示认罪服法,他懊悔自己的暴脾气和无知给妻子张玲造成了伤害,还将自己送进了牢房。父亲李志江老泪纵横,当初如果没有自己不择手段地帮儿子娶媳妇,儿子李达或许不会走到这一步。

案件结束后,张玲向法院提起了离婚诉讼,最终在法院的调解下,李达同意离婚，两人达成了离婚调解协议。

● 案件感言：家庭暴力与意志自由 >>>

做父母的疼爱子女无可厚非，若过分溺爱，任何事都由着孩子的性子来，那孩子就会难辨是非，混淆好坏，养成一身坏毛病，等长大了想改也改不掉。本案中的李志江就是因为太溺爱儿子了，没有及时遏制儿子的暴力倾向，以至于儿子只知道用拳头解决问题，结果不但难找媳妇，就是娶了媳妇也难维持婚姻。

骗个媳妇来骗钱

◆
◆◆

后记

——我们

清风明月本无价，近水远山皆有情。我们相信人与人之间，人与事之间是有缘分的。

岁月如梭，转眼间我们已在中央广播电视总台社会与法频道《法律讲堂》栏目共同奋斗了 10 年，结下了不解之缘。我们一个是栏目制片人，一个是主讲人。10 年里我们经常通过电话、网络交流沟通工作，几乎每个月都会在录制节目时见面。从最初的纯工作性质的礼貌交流，到后来的惺惺相惜。共同的三观、共同的法治信仰让我们成为普法路上的好战友，生活中的好朋友。

看似寻常却奇崛，成如容易却艰辛。每一期《法律讲堂》节目都凝聚着全体主创人员的心血。为了创作出精品法治节目，我们用心对待工作的每一个环节，从申报选题到稿件撰写，从稿件审核到节目录制，从节目审核到节目播出……我们分工明确，配合默契。为了实现给全国老百姓普法的目的，选题我们选了又选，稿子改了又改，节目录制时我们不放过每一个细节，后期制作更是高标准严要求。正因如此，《法律讲堂》节目的收视率、影响力和美誉度才不断提升，收视率稳居中央广播电视总台社会与法频道第一名。

最美不过夕阳红，我们从文军录制的200多期节目中精选了20篇涉及老年人权益的案例。这些案例所涉及的法律均与老年人的生活息息相关，如：老年人的健康与死亡问题、老年人的情感问题、老年人的再婚问题、老年人因过分溺爱子女导致的"啃老"问题、老年人帮子女看孩子的问题、老年人对财产的处理问题等。希望这本书能成为老年朋友维权护法、安度晚年的小助手。

桃李春风一杯酒，江湖夜雨十年灯。10年转瞬即逝，我们两鬓已渐染霜色，却雄心不减，锐气尚存，我们仍将并肩作战，在即将开启的下一个10年里，为弘扬法治精神、实现公平正义继续努力，创作出更多精彩的节目！

苏大为　管文军
2022 年 10 月 12 日